W0088455

rororo sport
Herausgegeben von Bernd Gottwald

Thomas Steffens/Martin Grüning

MARATHON

Die besten Programme

ROWOHLT TASCHENBUCH VERLAG

6. Auflage Mai 2006

Originalausgabe
Veröffentlicht im Rowohlt Taschenbuch
Verlag, Reinbek bei Hamburg, Mai 2001
Copyright © 2001 by Rowohlt Taschenbuch
Verlag GmbH, Reinbek bei Hamburg
Redaktion Harald Krämer
Umschlaggestaltung Büro Hamburg,
Susanne Reizlein
(Foto: ASA/Oliver Hamann)
Layout und Herstellung Maren Orlowski
Satz Trinité und Gill Sans (QuarkXPress 3.32)
Gesamtherstellung Clausen & Bosse, Leck
Printed in Germany
ISBN 13: 978 3 499 61010 3
ISBN 10: 3 499 61010 8

Inhalt

Einleitung
Marathon! 7

TEIL I:
TRAININGSGRUNDLAGEN 9

Kapitel 1
Sind Sie ein Marathontyp? 11

Kapitel 2
Vierzehn Regeln auf dem
Weg zum Marathon 13

Kapitel 3
Leistungsdiagnostik und
Trainingssteuerung 21
Acht Fragen an einen Experten 22

Kapitel 4
Trainingsplanung 26
Trainingsphasen einteilen 26
Regenerationsphase 27
Vorbereitungsphase I 28
Vorbereitungsphase II 30
Wettkampfperiode 34
Der lange Lauf 35
So funktioniert die
Trainingsplanung 36

Kapitel 5
Mit dem Pulsmesser
trainieren 45
Herzfrequenz und Belastungs-
intensität 45
Jedes Herz schlägt anders 45

Maximalpuls ermitteln 46
Dauerlauf ist nicht gleich
Dauerlauf 47
Regenerativer oder langer
Dauerlauf 47
Lockerer Dauerlauf 47
Tempodauerlauf 47
Extensive Tempoläufe 48
Intensive Tempoläufe 48
Wettkampf 48
Laufintensität mit Hilfe der maxi-
malen Herzfrequenz steuern 49

Kapitel 6
Fit auf den Punkt 51
Die letzte Woche 52
Zeitziel festlegen 52
Renneinteilung planen 52
Kohlenhydrate speichern 53
Heiße News für heiße Tage 55
Die mentale Einstellung 59

Kapitel 7
Das Training kurz vor
dem Marathon 61
Ausgeruht am Start 61
Tapering 62
Kilometerumfang reduzieren 62
Der letzte lange Lauf 63
Spritzigkeit bewahren 63
Mit Bedacht essen 64
Nur nicht überanstrengen! 65
Was Sie am letzten Tag tun
und lassen sollten 66

Kapitel 8
Die optimale
Renneinteilung   67
Wettkampfschuhe für
den Marathon? 72

Kapitel 9
Regeneration   73
Beine hochlegen 73
Warum regenerieren? 74
Wann regenerieren? 75
Wie regenerieren? 77
Auslaufen 77
Stretching 77
Trinken 77
Essen 78
Massage 78
Entspannungsbäder 78
Sauna 79
Alternativtraining 79
Trainingspläne – Die 14 Tage
nach dem Marathon 80

TEIL II: TRAININGSPLÄNE   83

Einleitung
Trainingspläne   85

18 Marathontrainings-
pläne für verschiedene
Leistungsklassen   87
Das richtige Tempo 87
• Martin Grünings Trainingsplan zur persönlichen Bestzeit
(2:13:30 h) 88

• Marathon in 2:29:59 h 92
• Marathon in 2:44:59 h 96
• Marathon in 2:59:59 h 100
• Marathon in 3:14:59 h 104
• Marathon in 3:29:59 h 109
• Marathon in 3:44:59 h 113
• Marathon in 3:59:59 h 117
• Marathon in 4:29:59 h 121
• Marathon in 4:59:59 h 125
• Marathonplan «Ankom-
men» 129
• Marathonplan «Ankommen
mit Gehpausen» 132
• Marathonplan: 3 Stunden
Trainingszeit pro Woche 136
• Marathonplan: 5 Stunden
Trainingszeit pro Woche 141
• Marathonplan: 7 Stunden
Trainingszeit pro Woche 145
Spätentschlossene:
Marathon problemlos 151
Spätentschlossene:
Marathon realistisch 152
Spätentschlossene:
Marathon riskant 153

Glossar: Fachbegriffe   155

Die Autoren 158
Bildnachweis 158

Marathon!

Marathon – welche Faszination birgt dieses Wort! Weshalb sonst machen sich an jedem Wochenende irgendwo auf der Welt Menschen auf, die atemberaubende Distanz von 42,195 Kilometern zu Fuß, also laufend (und freiwillig!), zurückzulegen? Dies stellt eine überdurchschnittliche sportliche Leistung dar, die mehrere Monate Trainingsvorbereitung erfordert, je nach sportlichem Hintergrund. Wer sich auf einen Marathon einlässt, benötigt Trainingsdisziplin und Durchhaltevermögen. Die lange Vorbereitungszeit ist eine Art Marathon für sich, und wer sie durchsteht, kann davon ausgehen, auch das Ziel mit Stil zu erreichen.

Wir als Autoren wünschen uns, dass Sie immer locker bleiben und nicht verkrampfen. Ein Marathon ist kein Spaziergang. Aber er ist zu schaffen – das wissen wir aus eigener Erfahrung: der eine als ehemaliger Läufer der nationalen Spitzenklasse, der heute als Freizeitjogger weiß, wie schnell man «von der Rolle» kommt, der andere als ehemaliger «ambitionierter Läufer», wie wir diesen Läufertyp im RUNNER'S WORLD Laufmagazin bezeichnen. Mit mittlerweile beträchtlichem Abstand zu unseren Bestzeiten von ehedem können wir uns gut in Ihre Lage versetzen, liebe Läuferinnen und Läufer. Außerdem kennen wir Ihre Nöte und Sorgen bestens: Jeden Tag erreichen uns in der Redaktion Anfragen zum Thema «Laufen» im allerweitesten Sinne.

Sie haben ein Ziel und wollen es erreichen, egal, ob es «Durchkommen» heißt oder «unter drei Stunden bleiben». Wir zeigen Ihnen in diesem Buch, wie Sie Ihr persönliches Ziel erreichen. Dazu bieten wir realistische Trainingspläne, die Sie auf dem Weg durch die langen Wochen der Vorbereitung begleiten werden.

Viel Spaß beim Laufen und viel Glück bei Ihrem ersten (oder nächsten) Marathon!

Martin Grüning, Thomas Steffens

TEIL I | TRAININGSGRUNDLAGEN

KAPITEL I

Sind Sie ein Marathontyp ?

Bevor Sie sich den Trainingsplänen in diesem Buch widmen, sollten Sie sich den folgenden Fragen, Hinweisen und Anregungen gewissenhaft widmen. Nehmen Sie sich bei der Beantwortung Zeit und entscheiden Sie, ob Sie sich für ein Vierteljahr ganz dem *Abenteuer Marathon* verschreiben wollen und können. Pro Fragenkomplex sollte nicht mehr als ein «Nein» als Antwort vorkommen. Ansonsten könnte es ein riskantes Unterfangen sein, das vorbereitende Training und den Marathon selber gesund (und mit Spaß) zu überstehen.

Gesundheit

- Fühlen Sie sich gesund? (Es geht hier nicht um «mehr oder weniger gesund», sondern um «kerngesund»!)
- Haben Sie keinerlei internistische oder orthopädische Beschwerden oder Verletzungen?
- Haben Sie Ihre Gesundheit in den letzten drei Monaten von einem Arzt überprüfen lassen?
- Gehörte zu der Untersuchung auch eine EKG-Aufzeichnung?

- Gehören Sie einer so genannten Risikogruppe an? (Risikofaktoren sind zum Beispiel starkes Rauchen, starker Alkoholkonsum, Bluthochdruck.)

Leistungsstand

- Laufen Sie schon mindestens 18 Monate regelmäßig?
- Laufen Sie dreimal pro Woche oder öfter?
- Laufen Sie 20 Kilometer pro Woche oder mehr?
- Könnten Sie 90 Minuten ohne Gehpause laufen?
- Können Sie mindestens 20 Kniebeugen machen, ohne am folgenden Tag Muskelkater zu haben?

Umfeld

- Steht Ihr Partner / Ihre Familie hinter Ihren Marathonplänen? (Probe aufs Exempel: Brauchen Sie kein schlechtes Gewissen zu haben, wenn Sie am Wochenende statt mit der Familie zu einem langen Spaziergang zu Ihrem langen Lauf aufbrechen?)
- Finden Sie neben Partner / Familie

ausreichend Zeit zur Marathon-Vorbereitung?

- Bietet Ihnen Ihr Beruf die Möglichkeit, die entsprechende Zeit in die Vorbereitung zu investieren?
- Sind Sie während der Vorbereitungszeit beruflich kaum unterwegs (und falls doch, dann irgendwo, wo man auch laufen kann)?
- Läuft Ihre Chefin oder Ihr Chef auch? (Nein? Kein Problem, ein «Nein» pro Fragenkomplex ist ja erlaubt. Und außerdem wäre ein «Ja» an dieser Stelle eher eine große Überraschung.)

Persönlichkeit

- Wollen Sie unbedingt einen Marathon laufen (oder könnte es sein, dass Sie jemand dazu überredet hat)?
- Freuen Sie sich auf die Herausforderung, und sind Sie grundsätzlich optimistisch, das Marathonziel zu erreichen?
- Sind Sie diszipliniert und gewissenhaft genug, über drei Monate auf ein Ziel hinzuarbeiten?
- Können Sie sich an Trainingsvorgaben – Ihre eigenen oder unsere – halten?
- Zählen Sie auch nicht zu den Trainings-Weltmeistern, die sich jedes Mal freuen, wenn sie wieder 5 Minuten weniger als geplant für ihre 10-km-Runde gebraucht haben

(aber am Tag X schon wieder völlig außer Form sind)?

Ausrüstung

- Besitzen Sie mindestens drei Paar verschiedene Laufschuhe? (Ein «Nein» können Sie bis zum Beginn des Marathontrainings in einem Laufshop noch problemlos in ein «Ja» umwandeln.)
- Besitzen Sie mehr als eine Laufgarnitur, und besteht diese aus Funktionsfasern?
- Haben Sie ein Trainingstagebuch, in dem Sie Ihre Vorbereitung protokollieren können?
- Besitzen Sie eine Sportuhr, die zumindest eine Stoppfunktion besitzt?
- Haben Sie im Vorratsschrank ausreichend kohlenhydratreiche Lebensmittel gelagert, um in den drei Vorbereitungsmonaten nicht zu verhungern? (Ein «Nein» braucht keine Panikattacken auszulösen. Lebensmittelgeschäfte gibt es ja reichlich. Ein selbstbewusstes «Ja» ist also realisierbar.)

Vierzehn Regeln auf dem Weg zum Marathon

KAPITEL 2

Wann kann ich einen Marathon-Start wagen? Wie schnell kann ich laufen? Der Marathon ist ohne Frage die ultimative Laufdistanz, das Nonplusultra der Laufinfizierten. Marathonlaufen kann fast jeder, aber nicht jede und nicht jeder traut es sich. Ein Marathon ist zu schaffen: durch eine gesunde Lebenseinstellung und intensives Training. Dass es so schwer nicht sein kann, zeigt die große Zahl der Finisher bei den diversen Marathonläufen, und es werden jedes Jahr mehr. «Was die können, kann ich schon lange», sollte Ihr Motto sein, wenn Sie noch nie einen Marathon gelaufen sind, aber immer schon einmal davon geträumt haben. Seien Sie sich aber darüber im Klaren, dass es nicht ganz so leicht ist, wie es aussieht. Ein bisschen Ehrfurcht sollte schon sein, denn wer sich unzureichend vorbereitet, erlebt eine böse Überraschung.

Am besten, Sie halten sich an die **14 goldenen Marathon-Regeln**, nehmen sich drei Monate Zeit, trainieren nach unseren Trainingsplä-

nen – und wir garantieren Ihnen, dass Sie erhobenen Hauptes und mit Bravour das Abenteuer Marathon bestehen.

1. Realistische Ziele setzen

Natürlich können Sie für den Marathon ein Wunsch-Zeitziel definieren und wild darauf hin trainieren. Ob es realistisch war oder nicht, beweist sich spätestens während des Marathons selbst. Die Gefahr ist allerdings groß, dass Ihr Zeitziel zu ehrgeizig ist und Sie sich überfordern, sprich: beim Marathon furchtbar einbrechen. Die andere, seltene Gefahr: Sie wählen Ihr Zeitziel zu defensiv, fühlen sich kaum gefordert und spüren im Ziel zumindest eine leichte Verärgerung, da Sie doch viel schneller hätten laufen können.

Wir schlagen vor, Sie analysieren Ihren aktuellen Leistungsstand anhand Ihres Leistungsvermögens über kürzere Laufdistanzen. Nehmen Sie also vor Beginn der Vorbereitung an einem scharfen Testlauf über 5 oder 10 Kilometer teil, und nutzen Sie die erzielten Zeiten zur Berechnung einer realistischen Zeitvorgabe für den Marathon.

Die **Marathon-Formel**: 5-Kilometer-Zeit × 9,798 = realistische Marathon-Zielzeit; 10-Kilometer-Zeit × 4,667 = realistische Marathon-Zielzeit. Beispiel: Sie haben eine 10-Kilometer-Zeit von 40 Minuten und wollen daraus Ihre Marathonzeit ermitteln. Also multiplizieren Sie diese mit dem Faktor 4,667 und erhalten eine realistische Marathon-Endzeit von 3:07 Stunden.

2. Ausgewogen trainieren

Jeden Tag im selben Tempo die gleiche Runde zu laufen, ist natürlich besser, als gar nicht zu trainieren. Aber effektiv ist das nicht. Der Marathon bedarf einer abwechslungsreichen Vorbereitung mit folgenden vier Trainingselementen:

- Trainingseinheiten zur Verbesserung der aeroben Kapazitäten (aerob: die Muskulatur wird mit ausreichend viel Sauerstoff versorgt).
- Trainingseinheiten zur Verbesserung der «speziellen Ausdauer».
- Trainingseinheiten zur Verbesserung der Laktat-Verträglichkeit (Laktat: Milchsäure, die sich bei muskulärer Belastung bei Sauerstoffmangel in der Muskulatur ablagert).
- Trainingseinheiten zur Kräftigung der Muskulatur.

Eine gelungene Kombination dieser vier Trainingstypen sorgt dafür, dass Sie über einen längeren Zeitraum schneller laufen können.

3. Umfang geht vor Intensität

Beim Marathon ist nicht das Lauftempo das Problem, sondern die Streckenlänge. Das sollten Sie bei der Vorbereitung beachten. Mit anderen Worten: Quantität geht vor Qualität, d. h., ein erhöhter Trainingsumfang geht vor einer erhöhten Trainingsintensität (Tempo). Eine Marathon-Vorbereitung unterscheidet sich von einer «normalen» Trainingsphase vor allem durch die gesteigerten Laufumfänge und die niedriger dosierten Trainingsintensitäten, also mehr lockere Dauerläufe und weniger belastende Tempoläufe.

Und so viele Kilometer sollten es in der Marathon-Vorbereitung schon sein:

- Wollen Sie bei Ihrem ersten Marathon nicht mehr als ankommen, dann sollten Sie auf 42 Kilometer in der Woche kommen.
- Wollen Sie unter 4 Stunden laufen, dann sollten Sie mindestens 50 bis 60 Kilometer pro Woche laufen.
- Wollen Sie unter 3:30 Stunden laufen, dann sind 65 bis 75 Kilometer pro Woche zu laufen.
- Wer die magischen 3 Stunden «knacken» will, sollte sich an Kilometerumfängen von mindestens

85 bis 100 Kilometern pro Woche orientieren.

4. Maximaler Erfolg bei minimalem Aufwand

Die Devise lautet, so rigoros das auch klingt: Weg mit den überflüssigen Laufkilometern. Jeder Laufkilometer, der nicht der sinnvollen Vorbereitung auf den großen Lauf dient, ist ein «toter» Laufkilometer. Ein Marathontraining ist zu anspruchsvoll, um sich mit Alibi-Einheiten abzuplagen. Ruhetage (und nicht halbherziges Pro-Forma-Training!) gehören zum Pflichtprogramm einer Marathon-Vorbereitung. Und ein Ruhetag heißt so, weil er genau dazu dient: Ruhe zu finden, Kräfte zu tanken. An diesem Tag sollte keinerlei sportliche Betätigung geplant sein, auch keine alternativen Einheiten auf dem Fahrrad oder im Wasser. (Ausnahmen gibt es bei Eliteläufern.)

- Ein Ruhetag pro Woche ist auch 3-Stunden-Läufern zu empfehlen.
- Ein bis zwei Ruhetage pro Woche sollten die 3:30-Stunden-Läufer einplanen.
- Drei Ruhetage pro Woche helfen den 4-Stunden-Läufern (und allen langsameren), die Belastungen gut wegzustecken.

5. Training ist kein Wettkampf

Gehören Sie auch zu denen, die gerne einige Minuten schneller als geplant ihre Trainingsrunde absolvieren? Hier mahnen wir gerade vor einem Marathon zur Vorsicht. Wer im Training ständig schneller läuft als vorgesehen, schafft es auch im Wettkampf nicht, auf den Punkt fit zu sein – und nichts ist beim Marathon wichtiger. Trainingsweltmeister pflegen ihre Kräfte schon früh zu verpulvern; die Zielgerade des Marathons erreichen sie, wenn überhaupt, eher mit Kampf und Krampf als mit den Glücksgefühlen eines Finishers. Halten Sie sich also genau an die Trainingsvorgaben. Gut ist nicht, wenn Sie die Zeit unter- und das Pensum überbieten, sondern wenn Sie sie exakt umsetzen. Jeder Trainingsplan ist in Nuancen variabel, und natürlich können Sie es an einem guten Tag schon mal richtig rollen lassen. Aber die Betonung liegt auf «mal». Gönnen Sie sich aber auch an all jenen Tagen, an denen Sie das Gefühl haben, keinen Fuß vernünftig vor den anderen zu bekommen, eine außerplanmäßige Ruhepause. Die ist dann sicher sinnvoller als unbedingte Planerfüllung.

6. Nach Plan trainieren

Sie mögen das ungezwungene Laufen ohne Plan und Vorgaben, gerade so, wie Sie sich am entsprechenden Tag fühlen? Im Prinzip eine gute Einstellung. Nur sollten Sie so niemals an eine Marathon-Vorbereitung gehen. Ohne Plan ist die Wahrscheinlichkeit groß, dass der Marathon «in die Hose» geht.

Trainingspläne sind vor einem Marathon nicht nur sinnvoll, sondern ein absolutes Muss. Sie erleichtern die kontinuierliche Annäherung an das große Ziel, ohne es aus den Augen zu verlieren. Der Plan hilft, das Training auf das Ziel hin zu strukturieren. Ein Marathontraining verläuft periodisch: Auf jede Belastung folgt eine Erholung, auf jedes intensive Training ein reduzierter Trainingstag bzw. ein Ruhetag. Und auf mehrere (maximal drei aufeinander folgende) Belastungswochen folgt eine Regenerationswoche. Das können Sie nicht nach Gefühl steuern, das muss festgelegt sein: nicht von Tag zu Tag, auch nicht von Woche zu Woche, sondern lange vor dem Marathon. Eine ausreichende Marathon-Vorbereitung umfasst zwölf Wo-chen. Am besten notieren Sie in Ihrem Trainingstagebuch die geplanten ebenso wie die tatsächlich gelaufenen Kilometer – da lassen sich Anspruch und Wirklichkeit wunderbar vergleichen.

7. Lange Läufe sind das A und O

Die wichtigste Marathon-Trainingseinheit ist der «lange Lauf», ein langer, langsamer Dauerlauf. Dabei wird der Körper mit niedriger Intensität über einen längeren Zeitraum beansprucht. Mit regelmäßigen langen Läufen gewöhnen Sie den Körper in ökonomischer Weise, Schritt für Schritt, an die hohe physische Belastung, die ein Marathon darstellt. Sie lernen dabei, nicht nur länger zu laufen, sondern auch extreme Laufbelastungen effektiv zu verarbeiten. Der lange Lauf ist die zeitaufwendigste Einheit Ihres Wochentrainings. Am besten legen Sie ihn daher aufs Wochenende (vgl. Kap. 4).

8. Spezielle Ausdauer entwickeln

Damit ist die Fähigkeit gemeint, zunehmend längere Abschnitte im geplanten Marathon-Renntempo zu laufen. Ein solches Training nennt man Tempodauerlauf. Wie beim Intervalltraining wird auch bei einem Tempodauerlauf die Toleranz des Körpers im Hinblick auf Ermüdung und Erschöpfung der Energiespeicher geschult. Belastung und Übersäuerung sind allerdings bei weitem nicht so gravierend wie beim hoch intensiven Intervalltraining, da das Tempo nicht im anaeroben Bereich liegt (anaerob: die Muskulatur wird nicht mehr ausreichend mit Sauerstoff versorgt). Nicht zu verachten ist auch der psychologische Effekt, den ein Training im Marathon-Renntempo hat: Sie verlieren die Angst vor der Wettkampfgeschwindigkeit und merken, dass es wenig problematisch ist, sich in diesem Tempo über eine längere Distanz vorwärts zu bewegen.

9. Die aerob-anaerobe Schwelle anheben

Die aerob-anaerobe Schwelle bezeichnet den Belastungsbereich, in dem die Sauerstoffaufnahme und der Sauerstoffverbrauch in den Körperzellen gerade noch ausgeglichen sind. Überschreitet man diese Belastungsschwelle, trainiert man im so genannten anaeroben Bereich. Dabei wird die Muskulatur nicht mehr ausreichend mit Sauerstoff versorgt: Der Körper spaltet Glukose, wandelt sie in Milchsäure um und beschafft so die zum Laufen benötigte Energie. Die Milchsäure wird schließlich in der Muskulatur abgelagert. Je höher das Tempo, bei dem die Muskulatur noch ausreichend mit Sauerstoff versorgt werden kann, desto leistungsfähiger ist man. Natürlich ist die individuelle aerob-anaerobe Schwelle auch ein Gradmesser für einen Marathonerfolg. Exakt messen lässt sich diese Schwelle zwar nur im Rahmen einer leistungsdiagnostischen Untersuchung (vgl. S. 21 f.). Aber generell ist es wichtig zu wissen: Je höher die aerob-anaerobe Schwelle liegt, desto schneller kann man einen Marathon laufen. Es gibt diverse Möglichkeiten, den Schwellenwert zu verbessern, die wir auch in unseren Trainingsplänen berücksichtigen. Eine Erhöhung um sechs Prozent, die in einem effektiven Training relativ leicht zu verwirklichen ist, hat z. B. eine zehnminütige Verbesserung auf der Marathondistanz zur Folge. Ein Trainingsbeispiel: 10 min Einlaufen, 3 × 10 min im 10-km-Renntempo (dazwischen jeweils 5 min Trabpause), 10 min Auslaufen.

10. Die maximale Sauerstoffaufnahme verbessern

VO_2max klingt nach einer hoch komplizierten Angelegenheit, ist es aber gar nicht. Das Kürzel bezeichnet die maximale Sauerstoffmenge, die der Körper auf einmal verarbeiten kann. Die Fähigkeit, große Mengen an Sauerstoff ins Blut aufzunehmen, zu transportieren und zu verarbeiten, ist entscheidend für unsere Leistungsfähigkeit auf den langen Distanzen. Wer seine VO_2max verbessert, besitzt die physiologische Basis für einen Leistungssprung. Anders ausgedrückt: Wer mehr Sauerstoff verarbeiten kann, verfügt über entsprechend mehr Power in der Muskulatur. Die einfachste Art, die VO_2max zu verbessern, ist ein gesteigerter Umfang des Lauftrainings – was im Rahmen eines Marathontrainings üblich ist. Wer beispielsweise seine Umfänge allmählich von 40 auf 70–80 Kilometer steigert, kann mit einer beträchtlichen Verbesserung der Vo_2max rechnen. Hat der Kilometerumfang erst einmal ein bestimmtes Niveau erreicht, bleibt die Vo_2max konstant. Dies trifft aber erst ab einem wöchentlichen Laufumfang von etwa 130 Kilometern zu, betrifft also fast ausschließlich die Eliteläufer.

Aber auch Profis können an ihrer Vo_2max noch arbeiten. Denn neben dem Laufumfang hat auch die Belastungsintensität Auswirkungen auf die maximale Sauerstoffaufnahmefähigkeit. Anaerobes Training aktiviert die Zellen der schnell kontrahierenden Muskelfasern. Die Fähigkeit, Sauerstoff umzusetzen, steigt bei sehr schnellem Laufen im anaeroben Bereich deutlich an. Intensive Belastungen treiben sowohl das Herz-Kreislauf-System als auch die Atmungsorgane an ihre Grenzen. Dadurch werden die schnell kontrahierenden Muskelfasern gezwungen, ihr Sauerstoffaufnahmevermögen zu steigern.

Ein Trainingsbeispiel: 10 min Einlaufen, 5 × 1000 m im 5-km-Renntempo (dazwischen jeweils 2 min Trabpause), 10 min Auslaufen.

11. Die Beinkraft steigern

Krafttraining ist auch im Marathon-Training sinnvoll. Nehmen wir einmal an, Sie laufen den Marathon in 3:30 Stunden und treten dabei in einer Minute etwa 180-mal auf. Das heißt, über die gut 42 Kilometer haben Ihre Füße rund 37800 Bodenberührungen. Je kräftiger also Ihre Beinmuskulatur ist, desto weniger Zeit verlieren Sie bei Auftritt und Abdruck und desto länger wird auch Ihr Schritt. Das Rechenexempel geht weiter: Nehmen wir an, Sie verkürzen die Dauer Ihres Fußauftritts um den Hauch von 0,02 Sekunden (was absolut realistisch ist), dann könnten Sie auf die Gesamtdistanz eines Marathons 12:36 Minuten gewinnen (0,2 sek mal 37800 Auftritte). Nehmen wir außerdem an, Sie verlängern Ihren Schritt dabei nur um die Winzigkeit von zwei Zentimetern, dann gewinnen Sie insgesamt noch einmal 750 Meter auf die gesamte Distanz – und zirka drei Minuten Zeit.

Die schnellste Möglichkeit, die Beinmuskulatur zu kräftigen, ist ein leichtes Krafttraining im Fitnessstudio. Aber Kraft lässt sich auch beim Bergauflaufen gewinnen: Ein kleiner Anstieg von 75 bis 100 Meter Länge, mehrere Male im Laufschritt durcheilt, stellt eine perfekte kleine Trainingseinheit dar.

Ein Trainingsbeispiel: 10 min Einlaufen, 8 × 80 m bergauf in 95-prozentiger Belastungsintensität (Trabpause gleiche Strecke bergab), 10 min Auslaufen.

12. Kohlenhydrate als Brennstoff

Für jeden Kilometer, den man während eines Marathontrainings mehr läuft als sonst, benötigt man etwa 60 Kalorien extra. Wer also 60 statt 40 Kilometer läuft, braucht pro Woche 1200 Kalorien mehr. Das ist schon eine ganze Menge. Sie müssen täglich also zirka 170 Kalorien zusätzlich zu sich nehmen. Tun Sie dies nicht, sind Ihre Muskeln energie-unterversorgt, die Leistungsfähigkeit lässt langsam, aber stetig nach, und Sie geraten rasch in den Zustand eines so genannten «Übertrainings», das sich in Müdigkeit, Abgespanntheit und einem Einbruch des allgemeinen Leistungsniveaus zeigt.

Die Extrakalorien sollten Sie sich unmittelbar nach dem Training zuführen, spätestens in den folgenden zwei Stunden – der Zeitraum, in dem die Muskulatur die meisten Kohlenhydrate einlagert. Natürlich sollte die Ernährung tendenziell kohlenhydratreich und fettarm sein. Bei Ausdauersportarten gilt allgemein die Ernährungsregel: 60 bis 65 Prozent des Energiebedarfs sind durch Kohlenhydrate zu decken, etwa 25 Prozent durch Fett und 10 bis 15 Prozent durch Eiweiß.

13. Viel trinken

Auch bei kühleren Temperaturen kann der Körper während eines langen, anstrengenden Trainings dehydrieren. Regelmäßiges und ausreichendes Trinken während und nach dem Training ist sehr wichtig, nicht nur im Sommer. Die Ausdehnung des Trainings vor einem Marathon bedeutet auch mehr körperliche Belastung und zusätzlichen Flüssigkeitsverlust, und das unabhängig von der Jahreszeit. Wenn Sie Ihre Trinkgewohnheiten während des Marathontrainings nicht verändern und nicht deutlich mehr Flüssigkeit zu sich nehmen, dehydriert Ihr Körper. Folge ist unter anderem ein Leistungseinbruch. Sorgen Sie deshalb dafür, dass Sie jede Stunde ein Glas Wasser trinken, egal, ob Sie bei der Arbeit oder zu Hause sind. Trinken Sie während der Mahlzeiten und nach dem Training besonders viel. Denken Sie daran: Kaffee und Tee entwässern den Körper, Alkohol ebenfalls. Achten Sie also auf die richtige Wahl der Getränke. Sportdrinks sind empfehlenswert, ebenso Apfelschorle (Apfelsaft mit Mineralwasser).

14. Viel schlafen

Wer zu wenig schläft, gibt dem Körper nicht genügend Zeit zu regenerieren. Bei einem gesteigerten Trainingsaufwand gilt die Faustregel:

Für alle zusätzlichen zehn Trainings-kilometer pro Woche brauchen Sie 15 Minuten mehr Schlaf pro Nacht. Wer statt 40 nun 60 Kilometer wöchentlich läuft, sollte sich eine halbe Stunde mehr Schlaf gönnen. Die Stunden Schlaf vor Mitternacht sind die wir-kungsvollsten, weiß der Volksmund. Wer es sich leisten kann, sollte während des Marathontrainings möglichst Stress vermeiden, früh ins Bett gehen und an Wochenenden einen Mittagsschlaf einlegen.

KAPITEL 3

Leistungsdiagnostik und Trainingssteuerung

Das Thema *Leistungsdiagnostik* ist auch für Freizeitläufer interessant. Um Trainingsbelastungen möglichst effektiv zu dosieren, ist es sinnvoll, sich einem Belastungstest zu unterziehen. Eine ganze Reihe von Einrichtungen bietet neben einer Leistungsdiagnose auch Hinweise zur *Trainingssteuerung*.

Zwischen Leistungsdiagnostik und Trainingssteuerung besteht ein häufig übersehener Unterschied: Bei einer leistungsdiagnostischen Untersuchung erfolgt lediglich die (möglichst objektive) Feststellung der individuellen Leistungsfähigkeit. Die Trainingssteuerung soll hingegen die Einschätzung der Belastungsintensität im Training erleichtern und auf diese Weise die Effektivität des Trainings verbessern und ein Übertraining vermeiden. Der praktische Unterschied zwischen Leistungsdiagnostik und Trainingssteuerung liegt in der Auswertung: Für die Leistungsdiagnostik interessieren die Leistungsdaten, für die Trainingssteuerung die Belastungsempfehlungen. Die optimale Leistungsdiagnostik für einen Läufer bleibt nach wie vor die Wettkampfteilnahme, die den Labortests in der leistungsdiagnostischen Aussagefähigkeit deutlich überlegen ist.

Grundsätzlich sollte eine Leistungsdiagnostik bzw. Trainingssteuerung im Umfeld medizinischer Einrichtungen durchgeführt werden, weil die Trainingssteuerung oft nicht eindeutig von der Frage der generellen Sporttauglichkeit zu trennen ist. Warum ich mich im Training müde fühle, kann meist trainingsmethodisch und durch leistungsdiagnostische Methoden geklärt werden. Manchmal hilft aber nur eine solide medizinische Untersuchung. Die größte Kompetenz zur Durchführung einer Leistungsdiagnostik oder Trainingssteuerung liegt eindeutig bei den sportmedizinischen Abteilungen der Universitäten. Hier werden die Kadersportler im Auftrag der Sportverbände untersucht, hier findet zudem die aufwendige Weiterentwicklung der Untersuchungsmethoden statt. Hier ist auch ein profunder Wissenshintergrund vorhanden, wenn es einmal gilt, spezielle medizinische Fragestellungen zu klären.

Acht Fragen an einen Experten

Zu den wichtigsten Punkten haben wir Dr. med. Kai Röcker von der Universität Tübingen, Abteilung Sportmedizin, befragt, wo regelmäßig Athleten der Leistungskader deutscher Sportverbände unter die Lupe genommen werden.

Für wen ist eine Leistungsdiagnostik bzw. Trainingssteuerung sinnvoll?

Eine reine Leistungsdiagnostik («Wie leistungsfähig bin ich tatsächlich?») scheint nur in seltenen Fällen wirklich sinnvoll. Eine Ausnahme ist allenfalls der Laufbandtest beim Marathonläufer, der vor dem Wettkampf Vorgaben für sein geplantes Lauftempo haben will.

Im Gegensatz hierzu ist eine Untersuchung zur Trainingssteuerung («Welches Lauftempo ist im Training effektiv?») für praktisch alle Ausdauersportler sinnvoll. Ein Anfänger in der jeweiligen Sportart wird vielleicht noch eher von diesen Informationen profitieren als ein ausgebuffter Profi. Manche erfahrenen Leistungssportler lernen mit der Zeit die eigenen Empfindungen genauer einzuschätzen, als dies durch medizi-

nische Methoden gemessen werden könnte. Auch Anfänger sollten ihr «Körpergefühl» beim Training korrekt einordnen lernen, was eine Trainingssteuerung sehr erleichtert. Die Teilnahme an einer solchen Untersuchung empfiehlt sich aber nicht in völlig untrainiertem Zustand. Die Analysedaten verändern sich in der ersten Trainingsphase möglicherweise sehr rasch, was dazu führt, dass sie schnell veraltet sind. Sind die ersten zwei Trainingsmonate vorüber, wäre dies der optimale Zeitpunkt für eine Belastungsuntersuchung zur Trainingssteuerung.

Was wird bei einer Leistungsdiagnostik untersucht?

Je nach Sportart führt man die Belastung in der möglichst spezifischen Bewegungsform durch, das heißt, ein Läufer sollte laufen, ein Radfahrer Rad fahren usw. Die Belastung wird stufenweise gesteigert. Zum Beispiel beginnt ein typischer Laufbandtest bei sechs Kilometern pro Stunde und wird alle drei Minuten um jeweils zwei Kilometer gesteigert. Vor dem Test und am Ende der jeweiligen Belastungsstufen wird die Laktatkonzentration im Blut gemessen; hierfür werden einige Tröpfchen Blut aus dem Ohrläppchen entnommen. Die gleichzeitige Herzfrequenzmessung liefert neben der Laufgeschwindigkeit auch die Herzfrequenzbereiche für den Trainingsaufbau. Neben diesem Standardprogramm zur Feststellung der Ausdauerleistungsfähigkeit und zur Einteilung der Belastungsempfehlungen für das Ausdauertraining gibt es noch eine Vielzahl zum Teil exotischer Messmethoden, deren praktischer Nutzen minimal ist. Nicht die schiere Zahlenfülle, die man nach einem Test mit nach Hause nehmen kann, ist entscheidend für die Qualität einer Trainingssteuerung, sondern deren Transparenz und praktische Verwertbarkeit.

Welche Rolle spielt die anaerobe Schwelle für die Trainingssteuerung?

Die korrekt bestimmte anaerobe Schwelle liefert einen Orientierungswert für die Belastungsintensitäten im Ausdauertraining. Die anaerobe Schwelle entspricht der maximalen Leistung, die noch ohne Übersäuerung aufrechterhalten werden kann. Das Leistungsniveau an dieser Schwelle ist begrenzt durch die Energievorräte des Körpers, eine Leistung oberhalb von ihr durch die entstehende maximale Übersäuerung.

Im Lauftraining entspricht die anaerobe Schwelle ungefähr der Belastungsintensität bei einem Tempodauerlauf. Gut trainierte Läufer bestreiten ihr Marathon-Wettkampftempo in diesem Bereich. Der Verlauf einer Laktatkurve zeigt auch einen Teil, in der das Laktat gegenüber der Ruhesituation auf gleichem Niveau bleibt. Nach unserer Empfehlung sollte hier der ruhige beziehungsweise sehr lange Dauerlauf durchgeführt werden.

Wie wird die anaerobe Schwelle im Rahmen einer Leistungsdiagnostik bestimmt?

Die anaerobe Schwelle wird in aller Regel aus dem charakteristischen Anstieg der Laktatkonzentration während der definierten Belastung abgeleitet. Welcher Kennwert des Laktatwerts jedoch tatsächlich als anaerobe Schwelle zu gelten hat, war *das* Streitthema der Sportmediziner in den letzten 20 Jahren. Inzwischen besteht Einigkeit darüber, dass die Laktatschwelle nicht bei einer fixen Laktatkonzentration wie 2 oder 4 mmol/Liter angegeben werden kann, sondern je nach individueller Prädisposition berechnet werden muss, weil die Laktatkonzentration bereits in körperlicher Ruhe großen Schwankungen unterliegen kann. Die Qualität einer Trainingssteuerung hängt also nicht zuletzt auch von der verwendeten Methode der Auswertung der Laktatkurve ab.

Welche Rolle spielt die maximale Sauerstoffaufnahmefähigkeit bei einer Leistungsdiagnostik bzw. bei einer Trainingssteuerung, und wie wird sie gemessen?

Im Vergleich zur Laktatmessung ist die Bestimmung der Atemgase ein wesentlich aufwendigeres Verfahren. Mittlerweile hat die Laktatmessung die Atemgasmessung in der Leistungsdiagnostik und Trainingssteuerung fast völlig verdrängt. Wurden noch in den 60er Jahren viele Belastungsuntersuchungen von Sportlern mit Bestimmung der Sauerstoffaufnahme durchgeführt, ist dies heute kaum noch der Fall. Atemgasanalysen sind allerdings von hohem wissenschaftlichem Interesse, da hiermit die Analyse des Belastungsstoffwechsels zusätzliche Informationen erhält. Der Einsatz dieser Methoden ist jedoch nicht nur aufwendig, sondern wirft in der Interpretation zusätzliche Probleme auf.

Welche Rolle spielt das Laufband bei der Leistungsdiagnostik und welche das Ergometer?

Ein Läufer sollte generell einen Laufbandtest machen. Die Voraussetzung für eine Übertragbarkeit der Ergebnisse in die (Lauf-)Realität ist eine korrekte Eichung des Laufbandes auf die reale Laufgeschwindigkeit. Eine Untersuchung unter freiem Himmel ist möglich, allerdings müssen dabei einige Nebenbedingungen wie Wind, Hitze oder Regen berücksichtigt werden, denen man im klimatisierten Belastungslabor nicht ausgesetzt ist. Ein häufiger Fehler bei Tests auf der Kunststoffbahn ist zudem, dass im Gegensatz zum Labortest nicht allein die Laufgeschwindigkeit variiert wird, sondern bei konstanten Laufstrecken zusätzlich die Belastungsdauer der einzelnen Stufen.

Wie oft sollte eine Leistungsdiagnose durchgeführt werden?

Herzfrequenzangaben sind – im Vergleich zum Laktatanstieg – über einen langen Zeitraum bemerkenswert stabil. Auch wenn sich die Leistungsfähigkeit verändert, bleibt der ermittelte Pulsfrequenzbereich oft lange konstant. Für den ambitionierten Freizeitläufer würden daher leistungsdiagnostische Untersuchungen im Abstand von zwei Jahren ausreichen, falls nicht unerklärbare Trainings- oder Wettkampferlebnisse einen früheren Check geboten erscheinen lassen.

Ist eine orthopädische bzw. internistische Untersuchung enthalten?

Bevor ein harter Belastungstest durchgeführt wird, müssen schwere gesundheitliche Beeinträchtigungen unbedingt ausgeschlossen sein. Schon aus diesem Grunde wäre eine generelle Gesundheitsuntersuchung vor jedem Test wünschenswert. Es ist nahe liegend, dass eine rein leistungsdiagnostische Untersuchung nicht von den Krankenkassen bezahlt werden kann; das gilt ebenso für eine gleichzeitige Gesundheitsvorsorgeuntersuchung. Auch wenn in Verbindung mit der leistungsdiagnostischen Untersuchung der Wunsch nach einem generellen Gesundheits-Check-up geäußert wird, ist die Kostenfrage hierfür oft ungeklärt. Die Anbindung an eine ärztliche Praxis oder eine Ambulanz wäre unbedingt erforderlich. Dies ist für viele private Anbieter einer Leistungsdiagnostik, allein schon aufgrund der fehlenden Zulassung bei den Krankenkassen, nicht möglich.

KAPITEL 4

Trainingsplanung

Das Wichtigste bei einer Trainingsplanung ist die Zielvorgabe. Wollen Sie im Herbst eine neue Marathon-Bestzeit aufstellen? Dann markieren Sie sich den Termin rot in Ihrem Kalender. Wollen Sie im Sommer erfolgreich an einem 10-km-Wettkampf teilnehmen? Dann streichen Sie sich das entsprechende Datum fett an. Herausforderungen dieser Art bedürfen einer langfristigen Vorbereitung.

Auf ein großes Ziel bewegen wir uns immer in kleinen Schritten zu. «Periodisierung» heißt dies im Fachjargon, was nichts anderes bedeutet, als dass ein phasenweiser Aufbau der Leistungsfähigkeit den Ursprung jeder Trainingsplanung bildet.

In der ersten Phase werden die Grundlagen für einen Leistungsfortschritt gelegt. Dieser Trainingsabschnitt ist die **Vorbereitungsphase I**. Darauf folgt die **Vorbereitungsphase II**, in der die individuellen Leistungsmöglichkeiten «herausgekitzelt» werden. Nach einer kurzen Phase der Erholung steht Tag X. Diese dritte Phase nennt sich **Wettkampfperiode**.

Der Unterschied zwischen diesen Trainingsphasen besteht in den Trainingsumfängen (wie viele Kilometer pro Tag, pro Woche, pro Monat) und in den Intensitäten, also dem Lauftempo. Denn die Grundfragen jeder Trainingsgestaltung lauten:

• Wie lange dauert ein Training?
• Wie intensiv bzw. wie schnell soll trainiert werden?

Trainingsphasen einteilen

Wann welche Trainingsphase eingeleitet wird, hängt vor allem vom Zeitpunkt des anvisierten Laufs ab – und ein wenig auch von der Jahreszeit. Denn die Jahreszeiten bestimmen, bedingt durch die Temperatur- und Bodenverhältnisse, auch das Angebot an Laufveranstaltungen. Die meisten großen Marathonläufe finden im Frühjahr und Herbst statt, mit Temperaturen im mittleren Bereich und in der Regel besseren Laufbedingungen als im Winter oder im Hochsommer. Die traditionelle Wettkampfsaison für kürzere Straßenläufe (inklusive Bahnrennen) beginnt im April und endet im Oktober.

Regenerationsphase

Zeitdauer: 4 – 8 Wochen

Trainingsinhalt: Reduzierter Laufumfang (20 bis 30 Prozent des normalen Umfangs); keinerlei Intensitäten; Wechsel zu alternativen Sportarten (Rennrad, Mountainbike, Inlineskating, Schwimmen usw.)

Das Programm Wir befinden uns im November, die Laufsaison ist vorbei. Sie haben vielleicht gerade einen Herbstmarathon absolviert oder einen aktiven Herbst mit mehreren Wettkämpfen über kürzere Laufdistanzen hinter sich (Trainingsexperten sprechen deshalb von der *Nachsaison*). Die meisten Läuferinnen und Läufer dürften in dieser Phase eine gewisse Erschöpfung spüren und deshalb ihr Training auf ein Minimum herunterfahren. Auf einen Marathon folgen zwei Wochen strikter Laufpause. Danach stehen weitere zwei bis vier Wochen regenerativer Trainingsmaßnahmen auf dem Programm.

Die Anzahl der Trainingseinheiten und der Gesamtumfang des Trainings sollten in der Nachsaison nicht mehr als zwanzig bis dreißig Prozent der Haupttrainingswochen betragen. Sind Sie also in der Saison bis zu 60 Kilometer pro Woche gelaufen, sollten Sie in der Nachsaison nur zwischen 10 und 20 Kilometer pro Woche laufen.

Das regenerative Training gibt Ihrem Körper Zeit und Luft, wieder zu Kräften zu kommen, und es bietet die Möglichkeit, Abstand vom Trainingsalltag zu nehmen.

Die Regenerationsphase sollte eine vollständige Erholung des Muskel- und Skelettsystems sowie des Herz-Kreislauf-Systems bewirken. Während der Regenerationsphase erlischt die Leistungsfähigkeit natürlich nicht komplett. Das ist ja die große Sorge derjenigen, die ihr Training so gut wie nie herunterschrauben. Ein gewisser Leistungsverlust geht mit der Ruhephase natürlich einher; aber das ist auch gut so, denn nur so kann eine echte Erholung stattfinden. Bei einer Regeneration mit leichten sportlichen Aktivitäten («aktive Erholung») nimmt die Leistungsfähigkeit nicht so rapide ab wie befürchtet: Eine Untersuchung der amerikanischen Sportwissenschaftler Burke und Thompson aus dem Jahre 1986 zeigte zwar, dass eine zehntägige absolute Ruhepause bei 15 ambitionierten Langstrecklern (Trainingsaufwand: 80 km/Woche) zu einer Reduzierung des Plasmavolumens um fünf Prozent und einem Anstieg der Ruheherzfrequenz um neun Schläge pro Minute führte. Doch die maximale Sauerstoffaufnahmefähigkeit, der wichtigste Parameter der Ausdauerleistungsfähigkeit, blieb unverändert.

Viele Läufer werden angesichts der vier Wochen langen Regenerationsphase sicher ab und an unter Entzug leiden, aber oft hilft anderer Sport über die mehr oder weniger lauffreie Zeit hinweg. Und nicht nur das: Alternative Bewegungsformen sind jetzt angesagt. Sie dienen dazu, die Gelenkbeweglichkeit zu erhalten, Herz und Kreislauf schonend zu belasten und beim Laufen vernachlässigte Muskelgruppen aufzubauen.

Sie werden überrascht sein, welche Auswirkungen eine trainingsreduzierte Phase auf Ihre Psyche hat. In der Regel ist es so: Zunächst müssen Sie sich zur Trainingspause zwingen, merken aber dann schnell, wie gut sie Ihnen tut. Dann kommt der Moment des «Abschlaffens», und Sie können sich kaum noch vorstellen, dass Sie erst vor zwei Wochen wirklich an der Startlinie eines Marathons standen (und sich heroisch bis ins Ziel durchgeschlagen haben). Danach werden Sie wieder richtig heiß auf das Lauftraining. Sie wissen, dass es Zeit wird, allmählich Phase zwei anzupeilen.

Vorbereitungsphase I

Zeitdauer: 12 – 16 Wochen
Trainingsinhalt: Ausdauertraining ohne intensive Trainingsreize

Das Programm Das dominierende Merkmal bei der Vorbereitung auf eine Laufsaison ist die Ausbildung der aeroben Kapazität (aerob: der Sauerstoffbedarf des Stoffwechsels in der Muskulatur wird in vollem Umfang durch eine ausreichende Sauerstoffversorgung gedeckt). Da ein aerobes Konditionstraining keinen sehr intensiven Trainingsreiz darstellt, steht es im Mittelpunkt des Aufbautrainings nach einer längeren Pause. Beim aeroben Lauftraining kommt man nicht außer Atem, die Muskulatur wird kaum müde. Ziel der Vorbereitungsphase I ist es, die Mechanismen der Energiebereitstellung und des Sauerstofftransports im Körper zu verbessern. Das aerobe Laufen stimuliert vorrangig die langsam kontrahierenden Muskelfasern. Sie sprechen auf eine niedrigere Intensität an. Die durch das ruhige Lauftempo und -training hervorgerufenen Anpassungsprozesse in den Muskelzellen und im Herz-Kreislauf-System ermöglichen den langsam kontrahierenden Fasern, bei einer nicht maximalen Belastung mit zunehmend geringerer Ermüdung zu arbeiten. Eine verbesserte Kondition der direkt an der Laufbewegung beteiligten Muskeln verringert die Notwendigkeit, dass sich Hilfsmuskeln an der Bewegung beteiligen. Dies trägt zu einer Verbesserung der Laufökonomie bei. Günstige Auswirkungen hat diese Form des Trainings auch hinsichtlich der Menge der gespeicherten Brennstoffe (Kohlenhydrate und Fettsäuren) sowie der Anzahl und Größe der Mitochondrien in den stimulierenden Muskelzellen (Mitochondrien sind Einheiten in den menschlichen, tierischen und pflanzlichen Zellen, die der Atmung und dem Stoffwechsel der Zellen dienen). Außerdem verbessert die Zunahme des Blutvolumens und der Mitochondrien die Sauerstoffabgabe und die Kohlendioxydbeseitigung, also den gesamten oxidativen Stoffwechsel, der einen erheblichen Anteil an der Ausdauerleistungsfähigkeit hat.

Über 70 Prozent des Trainings in der Vorbereitungsphase I werden im ruhigen Dauerlauftempo absolviert. Herzfrequenzen von 70 bis 80 Prozent der maximalen Herzfrequenz sind für ein aerobes Grundlagentraining charakteristisch. Doch aufgepasst: Da die maximale Herzfrequenz von individuellen Faktoren abhängt, lässt sie sich nicht anhand von Formeln ermitteln, sondern nur auf der Basis eines maximalen Belastungstests. Ein guter Gradmesser für eine maximale Herzfrequenz ist der Wert, den Sie nach einem Spurt auf der Zielgeraden eines 3-km-Laufs ermitteln, den Sie mit vollem Einsatz angegangen sind (vgl. Kap.5).

Aerobes Lauftraining bietet zudem einen Anreiz zur Verbesserung der Gelenk- und Sehnenkraft ohne die übermäßigen Auftreffbelastungen der unteren Extremitäten, die

mit höherem Tempo zwangsläufig einhergehen.

Eine typische Trainingswoche in der Vorbereitungsphase I:

Beispiel I
Ambitionierter Läufer mit einer Marathon-Bestzeit von etwa 3 Stunden

MO 50 min lockerer Dauerlauf (Puls etwa 80 Prozent der maximalen Herzfrequenz HF max)

DI Leicht belastende Bergaufläufe (z. B. 8 × 300–400 m zügig bergauf, abwärts langsam traben)

MI 80 min langsamer Dauerlauf (70 % HF max)

DO Ruhetag

FR 60 min Fahrtspiel (wechselndes Tempo nach Gefühl)

SA 50 min lockerer Dauerlauf (ca. 80 % HF max)

SO 90–120 min langsamer Dauerlauf (70–75 % HF max)

EXTRA-TIPP: Am Mittwoch und/oder Sonntag nach dem langsamen Lauf fünf bis sechs 100-m-Steigerungsläufe machen. Dabei wird das Tempo vom langsamen Trab bis zum Sprint über eine Distanz von 100 Metern kontinuierlich gesteigert. Dies «heizt» die Muskulatur an, bringt also ein bisschen Schnelligkeit und verbessert die Laufökonomie.

Beispiel 2
Freizeitläufer, der im kommenden
Jahr seine 10-km-Bestzeit auf unter
50 Minuten verbessern will.

MO	40 min lockerer Dauerlauf (ca. 80 % HF max)
DI	Alternativtraining (Schwimmen, Rad fahren, Skaten etc.)
MI	60 min lockerer Dauerlauf (ca. 80 % HF max)
DO	Ruhetag
FR	50 min Fahrtspiel (wechselndes Tempo nach Gefühl)
SA	Ruhetag oder Alternativtraining
SO	80 min langsamer Dauerlauf (70 – 75 % HF max)

Gehen Sie Krafttraining nicht aus dem Weg – es lohnt sich! In der Vorbereitungsphase I bietet es sich an, parallel zum Ausdauerlauftraining auch ein leichtes Krafttraining zu absolvieren. Mehr als zehn Prozent des gesamten Trainings-Zeitaufwands sollten es allerdings nicht sein, die Sie der speziellen Kräftigung Ihrer Muskulatur widmen. Empfehlenswert ist ein «spezifisches» Krafttraining: Muskeln, Sehnen und Bänder werden mit Hilfe von Bewegungsabläufen trainiert, die denen des Laufens sehr ähnlich sind. Das sinnvollste Krafttraining in der Vorbereitung auf eine Laufsaison ist also nicht die Arbeit mit Gewichten oder an Maschinen, sondern mit dem eigenen Körpergewicht in der freien Natur: zum Beispiel Sprünge, Sprungläufe usw. Wer im Fitnessstudio etwas für seine Kraft tun will, nutzt die Geräte, die die fürs Laufen benötigten Muskeln stärken. Wichtig sind auch Übungen, die die Rumpfmuskulatur kräftigen. Planen Sie unbedingt einen Ruhetag pro Woche ein. Denn manchmal wirkt ein Ruhetag Wunder, selbst in einer Phase, in der die niedrigen Belastungen nicht unbedingt zur Ruhe zu zwingen scheinen. Außer bei Topläufern (Marathon: unter 2:30 Stunden; 10 km: unter 32:00 Minuten) gehört bei jedem Läufer mindestens ein Ruhetag pro Woche in den Trainingsplan.

Vorbereitungsphase II
Zeitdauer: 10 – 12 Wochen
Trainingsinhalt: Ausdauertraining mit intensiven Trainingsreizen

Das Programm In dieser Trainingsphase wird vor allem die Intensität der Belastungen erhöht. Neue Trainingsreize kommen in Form von **Tempodauerläufen** (das Tempo entspricht etwa 90 Prozent der maximalen Herzfrequenz und wird über 20 – 45 Minuten gehalten) und **Wiederholungsläufen** hinzu (Tempoläufe im Renntempo und schneller, mit kurzen Trabpausen).

Die intensiven Trainingsreize werden durch lockere Laufeinheiten ergänzt. Etwa 60 Prozent des gesamten Trainingsumfangs bleibt weiterhin den aeroben Laufbelastungen vorbehalten, den Trainingsläufen also, bei denen Sie mit niedriger Intensität unterwegs sind. Dabei sollte eine Unterhaltung immer möglich sein. Dagegen soll das intensive Training die Fähigkeit des Körpers trainieren, ein hohes Tempo (wie z. B. in einem Wettkampf) zu «tolerieren», das heißt, sich schrittweise der härteren Belastung anzupassen. Der Umfang und die Belastungsintensität dieser Einheiten muss langsam gesteigert werden; nur so kann sich der Körper auf sie einstellen (Anpassungsreaktionen in den Muskelzellen und im gesamten Herz-Kreislauf-System).

Die beiden wichtigsten Intensitätseinheiten bedürfen einer genaueren Betrachtung:

Tempodauerläufe: Schneller Dauerlauf von 20–45 Minuten Länge in einem Tempo, welches 15–30 Sekunden über dem 10-km-Wettkampftempo liegt.

Das Tempo entspricht in etwa dem Marathon-Renntempo, ist also zu schnell, um sich weiter bequem unterhalten zu können. Die Belastung verläuft im aerob-anaeroben Schwellenbereich. Bewegt man sich jenseits dieser Schwelle, bildet die Muskulatur verstärkt Milchsäure (Laktat), da sich Sauerstoffbedarf und -versorgung nicht mehr die Waage halten. Die Anhäufung von Laktat hat eine stimulierende Wirkung auf die Atmung. Keine Chance, diese Veränderung nicht wahrzunehmen: Wir müssen schneller atmen.

Das Training in einem Bereich, der knapp über der Schwelle liegt, bedeutet einen optimalen Trainingsreiz für den Körper, der letztlich dazu führt, dass sich das Tempo erhöht, bei dem diese Laktatschwelle erreicht wird. Die Folge: Die Schwelle verschiebt sich in einen höheren Tempobereich, das heißt, auch bei einem höheren Tempo ist die Sauerstoffversorgung der Muskeln noch gewährleistet. In der Regel liegt der optimale Belastungsbereich beim Tempodauerlauf bei 90 Prozent der maximalen Herzfrequenz. Obwohl der Schwerpunkt eines derartigen Trainings weiterhin auf der Stimulierung der ST-Fasern liegt, also der langsam kontrahierenden, werden nun auch die FT-Fasern («fast twitch» = schnell kontrahierend) intensiv angesprochen. Die Anzahl aller am Sauerstofftransport in den Muskeln beteiligten Enzyme nimmt zu, die relativ hohe Belastung beim Tempodauerlauf provoziert adaptive Veränderungen der Herzfunktionen, die Kammern des Herzens vergrößern sich, und dies führt zu einem Anstieg des Schlagvolumens. Ergebnis all dieser

Prozesse ist, dass ein Training im submaximalen Bereich schließlich länger durchgehalten werden kann.

Dosierung: Bei weiteren belastenden Einheiten in Ihrer Trainingswoche sollten Sie nur einen Tempodauerlauf pro Woche einplanen. Steigern Sie die Belastungslänge der Tempoläufe vorsichtig von Woche zu Woche. Beginnen Sie mit 20 Minuten und überschreiten Sie 45 Minuten nicht. Zu einem Tempodauerlauf gehören ausreichendes Ein- und Auslaufen (Minimum: je 10 bis 15 Minuten).

Wiederholungsläufe: Schnelle Tempoläufe auf der Bahn oder auf befestigten Wegen über Distanzen von 200–3000 Meter mit kurzen Pausen. Man unterscheidet zwischen extensiven (1000–3000 Meter) und intensiven (200–800 Meter) Wiederholungsläufen.

Die *extensiven Wiederholungsläufe* werden in einem Tempo durchgeführt, das dem 5000-Meter- bis Halbmarathon-Renntempo entspricht. Je nach Wettkampfdisziplin sollten die Laufintervalle nicht mehr als maximal zehn Minuten betragen. Der Läufer erholt sich relativ rasch, denn die Übersäuerung des Blutes ist nicht extrem. Die Trabpausen zwischen den Laufintervallen sollten kürzer sein als die Intervalle selbst.

Bei extensiven Wiederholungsläufen sollten Laufintervalle von 1000 bis 3000 Meter zurückgelegt werden, während der gesamten Trainingseinheit keinesfalls aber mehr als insgesamt 10000 Meter.

Typische Trainingseinheit: 5 × 1000 m schnell mit 600 m Trabpause.

Bei den *intensiven Wiederholungsläufen* handelt es sich um ein ausgesprochen intensives Training. Ziel ist die Verbesserung des reinen Wettkampftempos und der Kraft. Die intensiven Wiederholungsläufe werden in einem hohen Tempo absolviert; daher sind die Intervalle relativ kurz. Sie liegen zwischen 200–800 Meter, ihr Gesamtumfang sollte 4000 Meter nicht überschreiten.

Eine typische Trainingseinheit: 8 × 400 m sehr schnell mit 200 m Trabpause.

Bei extensiven und intensiven Wiederholungsläufen lernt man, steigende Laktatkonzentrationen im Blut und in der Muskulatur zu tolerieren. Im Wettkampf sind dann die Läuferinnen und Läufer am leistungsstärksten, die imstande sind, das schnellstmögliche Tempo bei möglichst geringer Laktatbildung möglichst lange beizubehalten.

Dosierung: Intervalltraining ist nichts für Laufanfänger. Zweimal pro Woche sollten es nur die sehr erfahrenen, ambitionierten Läufer durchführen, und auch nur dann, wenn keine weiteren Belastungen in der Woche eingeplant sind.

Eine typische Trainingswoche in der
Vorbereitungsphase II:

Beispiel 1
Ambitionierter Läufer mit
einer Marathon-Bestzeit von
etwa 3 Stunden

MO 50 min lockerer Dauerlauf
(80 % HF max)

DI 5 – 8 x 1000 m im 10-km-
Renntempo (mit je 600 m
Trabpause)

MI 40 min langsamer Dauerlauf
(70 – 75 % HF max)

DO Ruhetag

FR 25 – 45 min schnell
(90 % HF max) mit Ein- und
Auslaufen

SA 50 min lockerer Dauerlauf
(80 % HF max)

SO 90 min langsamer Dauerlauf
(70 – 75 % HF max)

Beispiel 2
Freizeitläufer, der im kommenden
Jahr seine 10-km-Bestzeit auf unter
50 Minuten verbessern will

MO 40 min lockerer Dauerlauf
(ca. 80 % HF max)

DI 6 – 8 x 400 m mit 200 m Trabpause

MI Ruhetag

DO 40 min lockerer Dauerlauf
(ca. 80 % HF max)

FR 25 – 45 min schnell
(90 % HF max) mit Ein- und
Auslaufen

SA Ruhetag

SO 60 min langsamer Dauerlauf
(70 – 75 % HF max)

Alternativ zum Training auf der
Bahn kann auch ein Hügeltraining
als intensive Belastung durchgeführt
werden. Inhalt: verschieden lange
schnelle Belastungen (Sprints) bergauf. Trainingsbeispiel: 10 x 100 Meter
bergauf, Trabpause über dieselbe
Distanz bergab. Hügeltraining för-
dert Muskelkraft und Schnelligkeit
und verbessert die Laufökonomie
und den Laufstil. Es schult Muskelgruppen, die sonst beim Laufen eher
vernachlässigt werden. Zur Vorbereitung auf wellige bis bergige Wett-
kampfstrecken ist ein Hügeltraining
unverzichtbar.

Wie bei allen anderen belastenden
Trainingseinheiten gilt auch beim
Hügeltraining – öfter als einmal pro
Woche ist zu viel. Wer nur das Laufen
im Flachen kennt, muss sich langsam
an die ungewohnte Belastung heran-
tasten. Wählen Sie bei den ersten Versuchen einen leichten Anstieg (unter
fünf Prozent Steigung) und wählen
Sie einen möglichst rutschfesten,
griffigen Untergrund aus. Suchen Sie
erst nach den ersten drei bis vier Trainingseinheiten am Hügel einen stei-
leren Anstieg (maximal acht Prozent
Steigung). Achten Sie bei den Belastungen auf ausreichende Erholungsphasen. Der Erholungspuls sollte we-

niger als 70 Prozent des Belastungs-
pulses betragen. Beim Bergablaufen
(der Trabpause) soll durch das sehr
langsame Tempo die Stauchung von
Muskeln, Sehnen und Bändern ver-
mieden werden.

Bei einer zwölfwöchigen Trai-
ningsperiode werden Sie keinesfalls zwölf Wochen einen Plan nach
«Schema F» herunterspulen. Der
Grundaufbau der Trainingswochen
sollte zwar ähnlich und die Trai-
ningsakzente gleich sein, aber die
Umfänge und Intensitäten variieren.
Auf zwei belastungsintensive Wochen folgt in der Regel eine lockere
Woche. Die Vorbereitungsphase II
sollte in zwei abschließenden, hoch
intensiven Trainingswochen gipfeln.
Sie bilden den Höhepunkt der gesamten Trainingsvorbereitung. Doch
übertreiben sollte man es auch auf
dem Gipfel nicht.

Wettkampfperiode

Zeitdauer: 2–12 Wochen
Trainingsinhalt: Geringer
Trainingsumfang und einige
Intensitätsspitzen

Das Programm Jetzt sind Sie in opti-
maler körperlicher Verfassung. Abhängig von Ihrem jeweiligen Ziel
kann diese Phase zwei Wochen bis
drei Monate dauern. Vor einem Marathon ist die Wettkampfperiode genau zwei Wochen lang. Vermindern

Sie Ihre Umfänge und Intensitäten
rigoros und nutzen Sie diese beiden
Wochen zur Regeneration, um die
Kräfte kommen zu lassen.

Wollen Sie eine komplette Wettkampfsaison mit mehreren kürzeren
Straßen- oder Bahnwettkämpfen absolvieren, können Sie nach einem ge-
lungenen Vorbereitungstraining die
Form in der Regel über rund zwei bis
drei Monate halten. Mehr als 60 Prozent des gesamten Trainingsumfangs
sind in dieser Zeit lockere Dauerlauf-
einheiten, um die aerobe Grundlage
zu stabilisieren und eine aktive Erholung zu gewährleisten. 15 Prozent
sind dem Intervalltraining gewid-
met, um Schnelligkeit, Spritzigkeit
und Stehvermögen zu halten, und
die restliche Zeit dient dem Wettkampf.

So könnte eine typische Trainingswoche in der Wettkampfperiode aussehen:

Beispiel I
Ambitionierter Läufer, der eine
Marathon-Bestzeit von etwa
3 Stunden hat und diese jetzt
verbessern will

MO	30 min lockerer Dauerlauf (80 % HF max)
DI	2 x 5 km im Marathon-Renntempo
MI	Ruhetag
DO	30 min langsamer Dauerlauf (70–75 % HF max)

FR 30 min langsamer Dauerlauf
(70–75 % HF max)

SA Ruhetag

SO Marathon-Wettkampf

Beispiel 2
Freizeitläufer, der in den
folgenden zehn Wochen seine
10-km-Bestzeit auf unter
50 Minuten verbessern will

MO 40 min lockerer Dauerlauf
(80 % HF max)

DI 4 × 1000 m im 10-km-
Renntempo (mit 600 m Trabpause)

MI Ruhetag

DO 40 min lockerer Dauerlauf
(80 % HF max)

FR 40 min lockerer Dauerlauf
(80 % HF max), anschließend
fünf 100-m-Steigerungen

SA Ruhetag

SO 10-km-Wettkampf

Bei Wettkämpfen werden die Energievorräte in den beanspruchten Muskeln geradezu ausgesaugt. Sie müssen schnellstmöglich wieder aufgefüllt werden, vor allem wenn Sie sich nicht nur auf ein Rennen vorbereitet haben, sondern mitten in einer Wettkampfsaison stehen. In den Stunden und Tagen nach einer derartigen Belastung sollten Sie nicht nur Sorge tragen, durch eine ausgewogene Ernährung die Energievorräte wieder aufzufüllen, sondern auch

durch physiotherapeutische Maßnahmen die Regeneration unterstützen. Eine sanfte Muskelmassage, warme Bäder, Sauna und ausgiebiges Stretching können nützlich sein, wenn es um eine möglichst schnelle Erholung geht.

Der lange Lauf

Die wichtigste Trainingsform für einen Marathon ist der regelmäßige lange Lauf. Dies gilt für alle Leistungskategorien, vom Anfänger bis zum Profi. Ohne Erfahrung mit langen Läufen nützen die besten Tempowerte nichts, denn einen Marathon bewältigt man nicht mal so nebenbei.

Lange Läufe gehören in das Trainingsprogramm jedes Marathonläufers. Um vieles kann man sich in der Marathonvorbereitung vielleicht drücken, um diese spezielle Trainingseinheit jedoch auf keinen Fall.

Was bewirkt der lange Trainingslauf? Der lange Lauf ist ein Dauerlauf von mindestens 90 Minuten Länge in sehr langsamem Tempo – die effektivste Trainingsform, die Muskelausdauer zu trainieren. Er schult die Fähigkeit der Muskulatur, über einen längeren Zeitraum submaximal zu kontrahieren. Außerdem wird die Anzahl der Blutgefäße und Mitochondrien in der aktiven Muskulatur erhöht, was wiederum deren

So kann eine sinnvolle Periodisierung aussehen, wenn Sie …

	… im Frühjahr und Sommer an kurzen Straßenläufen (10 km usw.) teilnehmen wollen:
OKTOBER BIS NOVEMBER	Regenerationsphase
DEZEMBER BIS FEBRUAR	Vorbereitungsphase I
MÄRZ BIS MAI	Vorbereitungsphase II
JUNI BIS AUGUST	Wettkampfperiode (kürzere Straßenläufe)

	… einen Frühjahrsmarathon laufen wollen:
OKTOBER	Regenerationsphase
NOVEMBER BIS JANUAR	Vorbereitungsphase I
FEBRUAR BIS MITTE APRIL	Vorbereitungsphase II (= Marathontraining)
MITTE APRIL BIS ENDE APRIL	Wettkampfperiode (= unmittelbare Marathon-Vorbereitung)
ENDE APRIL	Marathon

	… einen Herbstmarathon laufen wollen:
OKTOBER BIS NOVEMBER	Regenerationsphase
DEZEMBER BIS FEBRUAR	Vorbereitungsphase I
MÄRZ BIS MAI	Vorbereitungsphase II
JUNI	Wettkampfperiode (kürzere Straßenläufe)
JULI BIS MITTE SEPTEMBER	Vorbereitungsphase II (= Marathontraining)
MITTE SEPTEMBER BIS ANFANG OKTOBER	Wettkampfperiode (= unmittelbare Marathon-Vorbereitung)
OKTOBER	Marathon

	… im Frühjahr und im Herbst einen Marathon laufen wollen:
OKTOBER	Regenerationsphase
NOVEMBER BIS JANUAR	Vorbereitungsphase I

FEBRUAR BIS MITTE APRIL	Vorbereitungsphase II (= Marathontraining)
MITTE APRIL BIS ENDE APRIL	Wettkampfperiode (= unmittelbare Marathon-Vorbereitung)
APRIL	Marathon
MAI	Regenerationsphase
JUNI	(verkürzte) Vorbereitungsphase I
JULI BIS MITTE SEPTEMBER	Vorbereitungsphase II (= Marathontraining)
MITTE SEPTEMBER BIS ANFANG OKTOBER	Wettkampfperiode (= unmittelbare Marathon-Vorbereitung)
OKTOBER	Marathon

Fähigkeit verbessert, Sauerstoff zu verarbeiten. Wichtiger aber noch: Der lange Lauf trainiert die Fettverbrennung und erhöht die Effektivität des Glykogenverbrauchs.

Dadurch lernen wir, sparsam mit unseren Energievorräten umzugehen, indem der Körper daran gewöhnt wird, bei langsamem Tempo Energie auch aus seinen Fettdepots zu schöpfen und Glykogen zu sparen. Denn beim Laufen wird vornehmlich Glykogen in Energie umgewandelt, die man braucht, um einen Schritt vor den anderen setzen zu können. Die Glykogenreserven des Körpers sind allerdings begrenzt. Sind sie verbraucht, schaltet der Körper zunehmend auf die Energiegewinnung aus Fetten um. Setzt der Übergang zur Fettverbrennung beim Marathon

ein, dann tritt ein Phänomen auf, das unter dem sprechenden Titel «Mann mit dem Hammer» bekannt und berüchtigt ist. Es bedeutet nichts anderes, als dass Sie auf dem letzten Teil der Strecke deutlich langsamer laufen. Denn Fette können nur bei reduziertem Lauftempo erschlossen werden, da zu ihrer Verbrennung mehr Sauerstoff benötigt wird. Ein solcher Einbruch lässt sich vermeiden, indem vom ersten Kilometer an ein Tempo angeschlagen wird, bei dem die Energie nicht ausschließlich aus Glykogen gewonnen wird, sondern auch aus Fett. So bleiben die Glykogenvorräte über eine längere Distanz (und Zeit) erhalten beziehungsweise lassen sich ökonomischer nutzen. Dieser Effekt ist trainierbar: durch den langen Lauf.

Neben den physiologischen Vorteilen des langen Trainingslaufs in der Vorbereitung auf einen Marathon sollte auch die psychologische Wirkung nicht unterschätzt werden, denn diese Trainingsform ist auch ein mentaler Test. Ob Sie am Tag X die 42,195 Kilometer schaffen, ist ebenso eine Frage der Physis wie der Psyche. Der lange Lauf gibt Ihnen eine äußerst körperliche Vorstellung von der Belastungsdauer eines Marathons mit allen Höhen und Tiefen. Sie lernen, mit Ihren Kräften zu haushalten, sich eine lange Belastungsdauer richtig, also gleichmäßig einzuteilen und auch dann noch Kräfte sparend zu laufen, wenn die Hälfte der Distanz schon hinter Ihnen liegt. Denn ein langer Lauf zeigt erst da seine ganze Effektivität, wo der Marathon beginnt «wehzutun», nämlich auf dem letzten Streckenviertel. Nicht umsonst heißt es unter Marathonläufern: Ein Marathon beginnt erst ab Kilometer 30.

Nicht zuletzt ist ein langer Lauf auch ein perfektes Experimentierfeld für alle möglichen Tests (beispielsweise wie man während des Marathons richtig isst und trinkt).

Wie lang ist der lange Lauf? Neunzig Minuten sollte der lange Lauf mindestens dauern, richtig effektiv ist er aber laut Expertenmeinung erst ab zirka 25 Kilometer Länge. Das bedeutet, je nach Leistungsvermögen

sind Sie zwischen zwei und drei Stunden auf den Beinen. Das individuelle Leistungsvermögen sollte grundsätzlich Gradmesser für die richtige Distanz eines langen Laufs sein. Für weniger erfahrene Läufer gilt: Basis für die Festlegung der Strecke beim ersten langen Lauf ist die Dauer des bisher längsten Laufs. Mehr als 15 Prozent länger sollte der erste «Long Jog» nicht sein. Mehr sollten Sie auch nicht von Mal zu Mal «draufpacken». An diese Maxime halten wir uns auch in unseren Trainingsplänen.

Beim längsten dieser Läufe sollten Sie keinesfalls länger als bei Ihrem Marathon auf den Beinen sein. Ausnahme sind Weltklasseläufer: Wer den Marathon in 2:10 Stunden schafft, ist auch schon mal bis zu drei Stunden im Training unterwegs gewesen. Für Profis wie Freizeitläufer gilt zumindest diese eine Regel: Länger als 3:00 bis 3:15 Stunden sollte der lange Lauf nicht dauern, egal ob Sie den Marathon in 2:10 oder in fünf Stunden bewältigen können. Amerikanische Untersuchungen haben nachgewiesen, dass Überlastungsprobleme nach ca. drei Stunden sprunghaft zunehmen; somit werden Überlastungsbeschwerden geradezu provoziert. Auch die Körperstatur entscheidet über die Länge des langen Laufs. Eliteathleten wiegen meist nicht viel mehr als 63 Kilogramm (Männer) beziehungsweise 55 Kilogramm (Frauen). Dies bedeutet, dass der Bewegungsapparat – und zwar Schritt für Schritt – sehr viel geringere Kräfte auffangen muss als der eines durchschnittlichen Vier-Stunden-Läufers mit 75 bis 95 Kilogramm Körpergewicht. Das bedeutet: Je schwerer und weniger athletisch Sie sind, desto vorsichtiger müssen Sie mit der Streckenlänge beim langen Lauf sein.

Steigern Sie Länge bzw. Dauer des «Long Jog» wöchentlich nicht über einen längeren Zeitraum als drei Wochen. Planen Sie also in der Marathonvorbereitung alle vier Wochen einen kürzeren Lauf ein. Sonst gönnen Sie Ihrem Körper keine Zeit, sich an die ungewohnt lange Belastung zu gewöhnen. Beispiel:
1. Woche 1:45 h, 2. Woche 2 h, 3. Woche 2:15 h, 4. Woche 1:45 h, 5. Woche 2 h, 6. Woche 2:15 h, 7. Woche 2:30 h, 8. Woche 1:45 h.

Welches Tempo beim langen Lauf? Das Tempo spielt beim langen Lauf überhaupt keine Rolle. Das soll nicht heißen, dass Sie jetzt so schnell wie möglich laufen sollen, im Gegenteil: Sie dürfen beim langen Lauf so langsam laufen, wie Sie wollen. Mehr noch: Bei keiner anderen Trainingseinheit ist es so wichtig, im «Wohlfühltempo» zu laufen. Der Puls sollte etwa 70 Prozent der maximalen Herzfrequenz betragen. Bei Marathon-Anfängern, die einfach nur durchkommen wollen, ist die Herzfrequenz selbst beim Marathon nicht höher. Das heißt, sie laufen den Marathon am Tag X etwa im selben Tempo wie die langen Läufe in der Vorbereitung. Das ist aber die Ausnahme, denn für alle anderen Leistungsklassen ist dies Gift. Wer seine langen Läufe im Marathon-Wettkampftempo läuft, riskiert Überlastungsbeschwerden und läuft Gefahr, in den Zustand des Übertrainings zu geraten, also seinen Körper zu überlasten und Reserven zu vergeuden.

Vor allem für die Leistungsklasse der Läufer, die den Marathon unter vier Stunden laufen, gilt: Der lange Lauf sollte in einem Tempo absolviert werden, das mindestens 60 bis 90 Sekunden pro Kilometer langsamer ist als das angestrebte Marathon-Renntempo. Am Ende des Laufs sollten Sie immer noch so viel Puste haben, dass Sie nach wie vor mit Ihrer Laufpartnerin ohne große Anstrengung plaudern können. Sind Sie nicht sicher, ob das Tempo angemessen ist, drosseln Sie es lieber. Denn beim langen Lauf kann das Lauftempo eigentlich nicht langsam genug sein.

Wie viele lange Läufe? Es soll Marathonanfänger geben, die in der Vorbereitung kein einziges Mal «lang» gelaufen sind und dennoch problemlos ins Ziel kamen. Es soll sie geben, nur ... wir haben noch nie einen getroffen. Und selbst wenn einer behauptet, er sei ohne einen langen Lauf in der Vorbereitung 3:30 Stunden gelaufen, dann kann man nur sagen: Prima, aber mit mehreren «Langen» in der Trainingsphase wärst du wohl 3 Stunden oder schneller gelaufen! Bei deinem Talent ...

Ohne ein Minimum an langen Läufen kommen Sie nicht ins Marathonziel, außer vielleicht auf dem Zahnfleisch. Und als Minimum gelten sechs Läufe von 25 Kilometern (oder mehr). Sicher, wer es im Hauruck-Verfahren probieren möchte, kommt auch mit vier langen Läufen aus, aber in diesem Fall geben wir keine Garantie für ein problemloses Durchkommen. Eine sinnvolle Marathonvorbereitung enthält (fast) in jeder Woche einen langen Lauf. Ausnahme: Die letzten beiden Wochen vor dem Marathon, in denen Ihr Körper Kraft tanken muss. Eine weitere Ausnahme sind die Wochen, die von einem Vorbereitungswettkampf dominiert werden.

Die Laufzeit bzw. Distanz des langen Laufs wird mit dem Beginn des Marathontrainings langsam gesteigert. Anfänger beginnen mit nicht mehr als 20 Kilometern, was immerhin der halben Marathondistanz entspricht, ambitionierte Läufer starten mit 25 und mehr Kilometern. Über sechs bis acht Läufe wird die Strecke schließlich auf 30 Kilometer (Anfänger) bis 35 Kilometer (Fortgeschrittene) ausgeweitet. Fast alle Marathonanfänger beschäftigt am Schluss ihrer Vorbereitung die Frage: Jetzt bin ich zwar schon mehrmals bis zu 30 Kilometer gelaufen, doch wie schaffe ich am Tag X um Himmels willen noch weitere zwölf Kilometer? Ganz einfach: Die langen Läufe sind Bestandteil eines anstrengenden Trainingsprozesses. Das bedeutet, dass Sie während einer Marathonvorbereitung niemals völlig ausgeruht sind. Also fällt jede Trainingseinheit schwerer, als wenn Sie diese in völlig erholtem Zustand absolvieren würden. Damit kommen wir zu des Pudels Kern: Sie erholen sich nämlich erst wirklich in den letzten beiden Wochen vor dem Marathon. Jetzt sammeln Sie die Kraft, die Ihnen auch über die zusätzlichen zwölf Kilometer hilft. Außerdem ist der psychologische Effekt eines Wettkampfs nicht zu verachten. Ein Rennen, zum Beispiel ein großer Stadtmarathon wie in Hamburg, Berlin oder Köln, hat ganz eigene Gesetze: Mitläufer und Zuschauer spornen uns zu Leistungen an, die wir uns vorher nie zugetraut hätten.

Fazit: Vier lange Läufe sind unabdingbar. Sechs bis acht lange Läufe sind optimal. Mehr als acht *können* sinnvoll sein, *müssen* es aber nicht, denn zu starke Belastungen erhöhen das Verletzungsrisiko und provozieren die Gefahren des Übertrainings.

Gehpausen beim langen Lauf? «Gehpausen oder nicht?» Eine reine Gewissensfrage. Zu Beginn der Joggingwelle Mitte der 70er Jahre, in einer Zeit, als Marathonlaufen langsam populär wurde, stellte sich diese Frage nicht. Ziel war es in der Regel, den Marathon so schnell wie möglich durchzulaufen, also wurden auch die langen Läufe «in einem Rutsch» absolviert. Selten gab es jemanden, der eine Pause machte (stehen oder gehen). Wer einen Moment stehen blieb oder eine Gehpause einlegte, tat dies vermutlich mit schlechtem Gewissen: Es könnte sich ja im Wettkampf negativ auswirken, und außerdem war oberste Trainingsmaxime: Gelobt sei, was hart macht. Erst der amerikanische Lauf-Guru Jeff Galloway wagte es, Gehpausen in seine Marathon-Trainingsprogramme einzubauen. Denn mit zunehmender Popularität der Marathondistanz, mit ständig steigenden Teilnehmerzahlen bei immer mehr Laufveranstaltungen wurde Marathon zunehmend für Leute interessant, die sicherlich Probleme haben würden, 42 Kilometer im stetigen Laufschritt zu bewältigen. Warum sollten diese weniger ambitionierten Läufer vom Happening «Marathon» ausgeschlossen bleiben?

«Erfunden» wurde die Gehpause natürlich nicht von Jeff Galloway, sondern von den Läufern selbst: Wer nicht mehr kann, muss eben gehen. Je mehr Freizeitläufer auf die Marathondistanz stürmten, desto mehr Läufer kamen auch als Geher ins Ziel. Und Galloways Anliegen war, diese Geher vor größerem Schaden zu bewahren. Deshalb empfiehlt er, nicht erst dann zu gehen, wenn man mit seinen Kräften am Ende ist, wenn also die Energiedepots erschöpft sind, sondern dieses allmähliche «Ausbrennen» durch frühzeitige Gehpausen zu verhindern und die Energiereserven zu strecken. Ebenso wie der Profi nicht die gesamte Marathonstrecke durchsprinten kann, kann auch nicht jeder Freizeitläufer 42,195 Kilometer an einem Stück bewältigen.

Galloways Pläne wurden zunächst belächelt, dann klammheimlich angewandt. Heute sind sie in den USA Standard. Wir jedenfalls empfehlen Marathon-Anfängern und allen, die es nicht übermäßig ernst nehmen: Macht Gehpausen beim langen Lauf, macht Gehpausen beim Marathon! Am besten verbindet man sie mit einer ruhigen Getränkeaufnahme oder einer anderen Auszeit (z. B. dringenden Geschäften). Sinnvoll sind solche Pausen in regelmäßigen

Abständen, alle fünf Kilometer zum Beispiel. Und sind es nur zwei Minuten, die Sie gehen, «verlieren» Sie höchstens eine Viertelstunde. Denn Sie legen bei den Gehpausen ja auch einige hundert Meter zurück. Und besser ein paar Minuten später ins Ziel kommen als total erschöpft – oder gar nicht.

Lange Erholung nach dem langen Lauf? Zwar wird der lange Lauf extrem langsam gelaufen, trotzdem ist die physiologische Belastung – bedingt durch die Länge der Distanz – beträchtlich. Folglich muss man sich vom langen Lauf auch länger erholen als von normalen Dauerläufen. Die Dauer des «Langen» und das langsame Lauftempo schulen die Effektivität der Energiebereitstellung des Körpers. Das heißt aber auch, dass die Energievorräte (Kohlenhydrate und Fette) des Körpers in hohem Maße «angezapft» werden. So gilt es, die Depots schnellstmöglich wieder aufzufüllen, am besten in den ersten zwei Stunden nach einer extremen Belastung.

Bei einem erfahrenen Marathonläufer liegt die Regenerationsphase der Energiespeicher bei zirka 48 bis 72 Stunden. Erfahrene Läufer und Profis laufen nach dem langen Lauf regenerativ (locker), Hobbyläufer und Marathonanfänger legen eine Pause ein. Deshalb folgen in unserem

Trainingsprogramm auf die sonntägliche lange Laufbelastung auch immer Ruhetage. Fast ebenso wichtig wie die Ruhe nach dem langen Lauf ist auch die Ruhe vor dem langen Lauf. Der lange Lauf sollte nicht in ermüdetem Zustand absolviert werden, sondern relativ ausgeruht (so ausgeruht es eben in einem umfangreichen Marathontraining geht). Marathon-Anfänger sollten daher am Tag vor dem langen Lauf ebenfalls pausieren.

Ist der lange Lauf auch Nicht-Marathonläufern zu empfehlen? Ja, denn die Ausdauer – und sie wird ja beim langen Lauf in erster Linie geschult – spielt für jede Laufdisziplin, von der Mittel- bis zur Langstrecke, eine entscheidende Rolle. Also profitieren auch 5- oder 10-km-Läufer von langen Läufen. Sicherlich müssen diese nicht 35 Kilometer lang sein. Aber vor allem in der Phase, in der die Grundlagen für die Wettkampfsaison gelegt werden (vornehmlich im Winter und Frühjahr), sind langsame Dauerläufe von bis zu zwei Stunden Länge jedem ambitionierten Läufer zu empfehlen. Der Brite Steve Cram gehörte Mitte der 8oer Jahre zu den weltbesten Mittelstreckenläufern, gewann über 1500 m Olympiasilber, wurde Welt- und Europameister und stellte 1985 drei Weltrekorde auf (über 1500 und 2000 Meter und die Meile) – einer der erfolgreichsten Läufer aller Zeiten, aber wahrlich kein Langstrecken- oder gar Marathonläufer. Und dennoch absolvierte er im Training regelmäßig langsame Dauerläufe von über zwei Stunden. Steve Cram ist nur ein Beispiel von vielen.

Unter Weltklasseathleten ist der enorme Nutzen langer langsamer Dauerläufe nicht nur für Marathonläufer, sondern für alle Laufdisziplinen schon lange bekannt. Nur die meisten Freizeitläufer meinen noch immer, dass ein 10-Kilometer-Läufer auch im Training keinesfalls länger als zehn Kilometer unterwegs sein sollte. Diesen raten wir, spätestens in den Wintermonaten sich ein paar Mal an langen Läufen zu versuchen. Sie werden darauf nicht mehr verzichten wollen!

Lässt sich die Effektivität des langen Laufs steigern? Lassen Sie sich nicht irritieren – es gibt tatsächlich einen Trick, wie Sie den Trainingswert des langen Laufs steigern können: Erhöhen Sie einfach das Lauftempo. Gemeint ist natürlich nicht das Tempo des gesamten Laufs, sondern lediglich das der letzten drei bis fünf Kilometer. Forcieren Sie im letzten Streckenabschnitt das Tempo bis auf den geplanten Marathonschnitt. Dadurch wird die Toleranz des Körpers gegen die Ermüdung und zu frühe Erschöpfung der Energiespei-

cher geschult. Am Ende dieser Übung steht das langsame, lockere Auslaufen (mindestens einen Kilometer).

Wie lassen sich Krämpfe bei langen Läufen vermeiden? Die Ursachen für Muskelkrämpfe sind Müdigkeit und Energie-Unterversorgung. Gerne stellen sie sich auf den letzten Kilometern des Marathons ein, wo man sie am wenigsten vertragen kann. Bei der Marathondistanz – einer relativ niedrigen, aber dafür lang andauernden Belastung – ist nicht das Herz-Kreislauf-System der leistungslimitierende Faktor, sondern die Muskulatur. Marathonläufer kommen selten außer Atem, aber oft genug mit Muskelbeschwerden ins Ziel. Wird die Muskulatur nicht mehr ausreichend mit Energie versorgt, ermüdet und verkrampft sie – kein Wunder bei einer zu bewältigenden Strecke von 42 Kilometern. Wie kann man dem vorbeugen?

1. Durch Kräftigung der Laufmuskulatur: Ein leichtes Training der Waden und Oberschenkelmuskeln kann auch einem Marathonläufer enorm nutzen.
2. Durch intensives Stretching: Es macht die Muskulatur nicht nur geschmeidiger, sondern auch widerstandsfähiger.
3. Durch regelmäßige Flüssigkeitsversorgung: Aller Wahrschein-

lichkeit nach resultieren die meisten Krämpfe aus einem Flüssigkeitsverlust, der während langer Laufbelastungen vor allem durch Schwitzen entsteht. Der Wasserverlust und die Anhäufung von Stoffwechselprodukten in der Muskulatur während einer solch langen Belastung führt zu einer Veränderung der Elektrolyt-Konzentrationen im Körper und begünstigt das Auftreten von Muskelkrämpfen. Bei einer Temperatur von 20 Grad Celsius verliert ein 70 Kilogramm schwerer Läufer bei einem Kilometerschnitt von fünf Minuten etwa einen Liter Wasser pro Stunde. Ab einem Flüssigkeitsverlust von zirka zwei Prozent des Körpergewichtes ist bereits von einer spürbaren Leistungsverminderung auszugehen.

Die Wichtigkeit, während langer Läufe regelmäßig Flüssigkeit zuzuführen, versteht sich also von selbst. Bei moderaten Außentemperaturen sind pro Stunde etwa 500 bis 1000 ml empfehlenswert, bei Hitze mehr. Auch in den letzten zehn Minuten vor dem Beginn einer Laufbelastung sollten nochmals 300 bis 500 ml getrunken werden. Dies sollte unbedingt im Training zuvor geübt werden.

Bei der Wahl des Getränkes sind im Wesentlichen drei Punkte zu beachten. Am wichtigsten ist das reichliche Trinken von Wasser, umso mehr, je wärmer die Außentemperatur ist. Ein kleiner Kohlenhydratanteil von drei bis acht Prozent (30–80 g/Liter), zum Beispiel in Form so genannter Maltodextrine, zögert die Glykogenentleerung im Muskel etwas hinaus. Günstig beeinflusst wird die Wasseraufnahme, wenn zusätzlich noch eine geringe Menge an Kochsalz (0,5–1 g/Liter) zugesetzt wird. Zu hoch konzentrierte Getränke verzögern die Magenentleerung und Wasseraufnahme im Darm. Das Getränk sollte daher «isoton» sein, das heißt denselben Anteil gelöster Teilchen wie das Blut aufweisen. Die an Verpflegungsständen gereichten «Sportgetränke» entsprechen nicht immer den optimalen Elektrolytkonzentrationen – also Vorsicht! Eine Kombination von je einem Becher Wasser und Elektrolytgetränk pro Verpflegungsstand dürfte in diesem Falle sinnvoll sein (vgl. S. 55 ff.).

KAPITEL 5

Mit dem Pulsmesser trainieren

Die Herzfrequenz gibt Aufschluss über den Grad der tatsächlichen körperlichen Anstrengung. Am genauesten lässt sie sich mit einem Pulsmesser bestimmen.

Er ist ein wichtiges Hilfsmittel, um die richtige Trainingsintensität festzulegen. Viele unserer Trainingsvorgaben basieren daher auf Herzfrequenzwerten.

Herzfrequenz und Belastungsintensität

Mit jedem Herzschlag wird eine konstante Menge Blut und Sauerstoff durch den Körper gepumpt. Bei einem einstündigen Dauerlauf sind dies etwa zehntausendmal jeweils bis zu 200 Milliliter Blut. Der Anstieg der Herzfrequenz entspricht in etwa dem Anstieg der Sauerstoffaufnahme sowie des Energieverbrauchs und damit auch der Belastungsintensität. Erst bei höherer Laufgeschwindigkeit im Bereich der Übersäuerung verlangsamt sich bei den meisten Läufern der Anstieg der Herzfrequenz. Bis zu diesem aber Punkt aber ist die Herzfrequenz ein objektives Maß für die Belastungsintensität.

Jedes Herz schlägt anders

Die Herzfrequenz ist eine individuelle Größe. Jeder Mensch hat einen eigenen Ruhe- und Maximalpuls. Der Ruhepuls wird im Ruhezustand gemessen, am besten morgens vor dem Aufstehen. Der Maximalpuls entspricht dem Wert, den Sie unter einer maximalen körperlichen Belastung messen. Der Ruhepuls kann bei zwei Menschen gleichen Alters und Geschlechts mit gleicher Größe und Gewicht um bis zu 50 Schläge pro Minute differieren.

Ausdauertraining führt zu einer Stärkung des Herzkreislaufs. Ein niedriger Pulswert kann ein Indiz für eine gute Ausdauerleistungsfähigkeit sein. Sehr gut trainierte Sportler weisen Ruhepulswerte von 30 bis 36 Schlägen/Minute auf, der Maximalpuls kann auf über 200 Schläge/Minute hochgejagt werden. Die Herzfrequenz ist also ein zuverlässiger Gradmesser für die Leistungsfähigkeit des Körpers. Das heißt allerdings noch lange nicht, dass Läufer mit einem höheren Belastungspuls schlechtere Läufer sind.

Maximalpuls ermitteln

Bei körperlicher Belastung reagiert das Herz sofort. Die Herzfrequenz steigt. Dabei wird die Anzahl der Schläge pro Minute zum Gradmesser für die körperliche Belastung: Je höher die Schlagzahl, desto höher die Belastung. Folglich lassen sich Belastungsstufen sehr exakt in Herzfrequenzwerten angeben. Daraus resultierte in den 70er Jahren die Trainingsmaxime «Trimming 130» für Hobbysportler. Leistungsphysiologen empfahlen einen Herzfrequenzwert von 130 Schlägen pro Minute als sinnvolle Belastungseinheit für ein aerobes Training. Einziges Manko der gut gemeinten Gesundheitskampagne: Der Pulswert ist ein individueller Wert. 130 Schläge: Was für Läuferin A eine moderate Belastung darstellt, ist für Läufer B schon eine Überbeanspruchung. Seit einiger Zeit ist man dazu übergegangen, bei Trainingsplänen die Belastungsstufen in Prozentangaben vom Maximalpuls festzulegen. Dazu muss zunächst der individuelle Maximalpuls ermittelt werden. Hierzu schien sich schon vor Jahren eine gängige Formel zu etablieren: 220 minus Lebensalter ist gleich Maximalpuls. Ein Beispiel: Bei einem 40-Jährigen rechnet man

220 minus 40. Bei 180 Schlägen/Minute läge also der Maximalpuls. Doch diese Berechnung ist leider sehr ungenau. Um den Maximalpuls zu ermitteln, muss man schon ein wenig mehr Aufwand und Schweiß investieren. Die Herzfrequenz, die Sie auf der Zielgeraden nach einem 3-, 5- oder 10-Kilometer-Wettkampf im Endspurt messen, bildet dagegen Ihren Maximalpuls zuverlässig ab.

Wer seine maximale Herzfrequenz außerhalb eines Wettkampfes messen möchte, kann auch folgenden Weg wählen: Wärmen Sie sich 15 bis 20 Minuten locker auf. Laufen Sie danach dreimal drei Minuten, so schnell Sie können, mit Trabpausen von jeweils einer Minute, und messen Sie nach der letzten Belastung Ihren Puls. Dieser Wert entspricht Ihrer maximalen Herzfrequenz.

Achtung: Wärmen Sie sich vor dem Test ausreichend auf und gehen Sie ausgeruht in das Testprogramm.

Dauerlauf ist nicht gleich Dauerlauf

Effektives Lauftraining setzt sich aus verschiedenen Trainingselementen zusammen, die sich vor allem durch die Laufgeschwindigkeiten voneinander unterscheiden. Die niedrigste Belastungsstufe ist der regenerative Dauerlauf, dessen Tempo unter 75 Prozent des Maximalpulses liegt. Bei dieser Trainingsform existiert eigentlich keine Belastungsuntergrenze. Die höchste Belastungsstufe dürfte naturgemäß beim Endspurt in einem Wettkampf erreicht werden (oder in entsprechenden ehrgeizigen «Trainingsrasereien»).

Regenerativer oder langer Dauerlauf

Herzfrequenz: 70–75 Prozent der maximalen Herzfrequenz

Beim regenerativen Dauerlauf läuft man mit dem niedrigsten Trainingstempo. Kurze Läufe in diesem Lauftempo werden nur zur Erholung zwischen harten Wettkämpfen oder Trainingsläufen durchgeführt. Längere Läufe im niedrigsten Lauftempo dienen der Verbesserung der Langzeitausdauer. Die Herzfrequenzmessung soll hier das Trainingstempo nicht antreiben. Hier geht es nur darum, mit Hilfe des Pulsmessers ein Abdriften in einen zu hohen Belastungsbereich zu verhindern. Dieses Lauftempo ist das sinnvollste für Laufeinsteiger und für das allgemeine Grundlagentraining.

Lockerer Dauerlauf

Herzfrequenz: 75–85 Prozent der maximalen Herzfrequenz

Bei diesem «Wohlfühltempo» ist eine Unterhaltung während des Laufens immer möglich; man ist schneller unterwegs als beim regenerativen Laufen, sollte jedoch nie in den Be-reich der Übersäuerung geraten. Hier hat die Messung der Herzfrequenz eine Doppelfunktion: als Tempokontrolle nach oben und nach unten. Wichtig ist, dass man während der ersten fünf bis zehn Minuten nach dem Start noch nicht auf die Herzfrequenz achtet. Erst nach Ablauf der Aufwärmphase entspricht die Herzfrequenz der tatsächlichen Belastungsintensität. Wer bereits von Beginn an versucht, die Herzfrequenzvorgabe einzuhalten, landet unweigerlich in der vorzeitigen Übersäuerung.

Tempodauerlauf

Herzfrequenz: 85–90 Prozent der maximalen Herzfrequenz

Tempodauerläufe werden in der höchsten, gerade noch ohne Übersäuerung möglichen Laufgeschwindigkeit absolviert. Bei Marathonläufern entspricht der Tempodauerlauf dem Wettkampftempo. Auch hier signalisiert die Herzfrequenzmessung die obere und untere Grenze. Das Aufwärmen treibt die Herzfrequenz schneller auf das angestrebte Niveau. Ein Kriterium für einen effektiven Tempodauerlauf ohne zunehmende Übersäuerung ist ein stabiler Herzfrequenzverlauf. Das bedeutet, dass die Herzfrequenz ab der fünften Belastungsminute bis zum Ende des Tempodauerlaufs nur noch unwesentlich ansteigt. Ein Endspurt mit kurzfristiger Pulserhöhung ist bei dieser Trainingsform nicht zu empfehlen. Auch beim Ein- und Auslaufen sollte die Herzfrequenz beachtet werden und immer unter der Obergrenze des regenerativen Laufes gehalten werden.

Extensive Tempoläufe

Herzfrequenz: Zirka 95 Prozent der maximalen Herzfrequenz

Extensive Tempoläufe sind einzelne Läufe mit einer Streckenlänge zwischen 600 und 3000 Metern. Insgesamt summieren sich diese Programme auf etwa fünf bis zehn Kilometer Gesamtlaufstrecke (mit einer sehr kurzen Pause zwischen den einzelnen Läufen). Laufgeschwindigkeit und Pausen sollten so gewählt sein, dass während des gesamten Tempoprogramms keine zunehmende Übersäuerung eintritt. Die kurzen Pausen zwischen den Belastungen ermöglichen einen teilweisen Abbau der Laktatkonzentration im Blut.

Die Dauer der jeweiligen Tempobelastung ist meist zu kurz, um einen vollständigen Herzfrequenzanstieg auf die idealen 95 Prozent HF max zu ermöglichen. Je kürzer die Tempoabschnitte und je länger die Belastungspausen bei Tempolaufprogrammen werden, desto unbrauchbarer ist die Herzfrequenzmessung zur Steuerung der Laufgeschwindigkeit. Bei extensiven Tempoläufen ist die Messung der Herzfrequenz aber sinnvoll zur Beurteilung des Gesamtprogramms. Sie soll verhindern, dass die Übersäuerung mit jedem Lauf zunimmt. (Indiz: Die Herzfrequenz steigt von Lauf zu Lauf nicht wesentlich an.) Bei korrekter Tempogestaltung und konstanter Pausendauer liegt die Herzfrequenz auch in den Belastungspausen auf einem praktisch gleich bleibenden Wert.

Intensive Tempoläufe

Herzfrequenz: 95 – 100 Prozent der maximalen Herzfrequenz

Gemeint sind Läufe bei praktisch maximalem Tempo und mit entsprechend langen Pausen. Diese Trainingsform sollte nur von wettkampforientierten Läufern betrieben werden. Hier ist die Herzfrequenzmessung eigentlich überflüssig. Darüber hinaus steigt bei den meisten Läufern nahe des maximalen Lauftempos die Herzfrequenz nicht mehr konstant weiter an, sodass verschiedene Tempobereiche durch die Herzfrequenz nicht mehr unterschieden werden können.

Wettkampf

Teilnehmern an Laufwettbewerben kann die Herzfrequenzmessung vor allem auf den längeren Laufstrecken ab 15 Kilometer eine Hilfe sein. Bei diesen langen Distanzen hilft die Bestimmung der Herzfrequenz dabei, Tempowechsel und sich verändernde Umgebungsbedingungen besser abzuschätzen. Allerdings muss man die ansteigende Körpertemperatur bei diesen Läufen als Fehlerquelle kennen. Je kürzer eine Wettkampfstrecke ist, desto höher kann die durchschnittliche Herzfrequenz liegen.

LAUFINTENSITÄT MIT HILFE DER MAXIMALEN HERZFREQUENZ STEUERN

Herr G. ist 40 Jahre alt und hat vor sechs Monaten mit dem Laufen begonnen. Er läuft inzwischen drei- bis viermal pro Woche jeweils zwischen 20 und 50 Minuten. Herr G. ermittelte bei einem Maximaltest eine maximale Herzfrequenz (HF max) von 190 Schlägen pro Minute. Daraus ergeben sich für ihn folgende Trainingsempfehlungen:

Langsamer (längerer) Dauerlauf

Dauer: 50 – 60 Minuten

Häufigkeit: Zweimal pro Woche

Herzfrequenz: Bei 190 HF max liegt die Belastungsobergrenze bei 142 Schlägen pro Minute (Rechnung: 190 × 0,75 = 75 Prozent der HF max)

Lockerer Dauerlauf

Dauer: 20 – 40 Minuten

Häufigkeit: Ein- bis zweimal pro Woche

Herzfrequenz: Der optimale Bereich liegt zwischen 142 und 161 Schlägen pro Minute (190 × 0,75 – 0,85 = 75 – 85 Prozent der HF max)

Tempodauerlauf

Dauer: 20 Minuten (zusätzlich fünf Minuten ein- und fünf Minuten auslaufen)

Häufigkeit: Maximal einmal pro Woche

Herzfrequenz: Der optimale Bereich liegt bei 161 bis 171 Schlägen pro Minute (190 × 0,85 – 0,90 = 8590 Prozent der HF max)

Beim Marathon sollte die Herzfrequenz etwa bei 85–90 Prozent der maximalen Herzfrequenz liegen. Doch eine Messung ist nur bis Kilometer 30 sinnvoll, danach beeinflusst zum Beispiel die gestiegene Körpertemperatur die Werte derart massiv, dass ein Anstieg der Herzfrequenz unvermeidlich ist und nicht mehr kontrolliert werden kann.

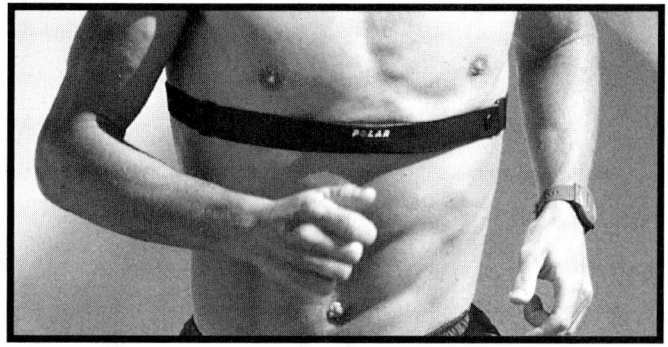

KAPITEL 6

Fit auf den Punkt

Eine sinnvolle Marathon-Vorbereitung gliedert sich in verschiedene Etappen. Am Anfang steht eine zirka zehnwöchige, umfangreiche Phase mit sehr unterschiedlichen Trainingsbelastungen – «zyklisches Training» heißt das Zauberwort. Dies bedeutet, dass auf einen anstrengenden Trainingstag immer ein lockerer (oder ein Ruhetag) folgt, auf zwei bis drei schwere Trainingswochen eine leichte usw. Die achte bis zehnte Woche sind die härtesten in diesem Zyklus. Der Körper hat sich mittlerweile an die hohen Laufumfänge gewöhnt und verträgt die langen, stetigen Belastungen am besten. Den krönenden Abschluss erfährt die heißeste Trainingsphase durch einen 10-km-Wettkampf (siehe Kapitel «Trainingspläne»). Natürlich dürfen Sie bei diesem Rennen keine Bestzeit erwarten, dazu haben Sie in den letzten Wochen viel zu hart trainiert. Sie geben Ihrem Körper noch einmal den letzten «Kick», die letzte Portion Tempohärte, die Sie auch für den Marathon brauchen.

Zehn Wochen intensiven Trainings liegen nun hinter Ihnen, aber erst danach beginnt die zweite entscheidende Phase. Denn das oberste Gebot für die letzten 14 Tage vor dem Marathon lautet: langsam die Trainingsbelastungen zurückschrauben, den malträtierten Beinen Zeit zur Erholung geben und Kräfte sammeln. Das Pensum der vorletzten Woche vor dem großen Wettkampf sollte etwa 15 bis 30 Prozent weniger umfangreich sein als die letzten Belastungswochen. Je ambitionierter die Vorbereitung ist, desto höher die prozentuale Reduktion des Kilometerumfangs. In unseren Trainingsvorschlägen heißt dies konkret: Eliteläufer reduzieren ihren Umfang von 125 Kilometer pro Woche (10. Woche) auf 80 Kilometer (11. Woche), also um über 30 Prozent. Die ambitionierten Läufer von 80 Kilometer auf 65 Kilometer (ca. 20 Prozent) und die Freizeitläufer von 45 Kilometer auf 40 Kilometer (ca. zehn Prozent). In den letzten zehn Tagen wird dann auch die Intensität zurückgeschraubt, das heißt, es wird nur noch einmal leicht belastet. Die letzte Belastung liegt fünf Tage vor dem Marathon und spricht nur den Intensitätsgrad des Marathon-Renntempos an.

Die letzte Woche

Die letzte Woche vor dem Marathon ist die kritischste Vorbereitungsphase. Sie realisieren plötzlich, dass das Ereignis, auf das Sie sich wochenlang vorbereitet haben, nun unmittelbar bevorsteht – der Marathon. Die Nervosität wächst, und Sie fürchten den Tag X ebenso sehr, wie Sie ihn herbeisehnen. Die Gefahr ist groß, in diesen letzten Tagen alles falsch zu machen, was man nur falsch machen kann, und trotz hervorragender Form, tollen Trainingsleistungen und wochenlanger gewissenhafter Vorbereitung schließlich das anvisierte Marathonziel total zu verfehlen.

Zeitziel festlegen

Haben Sie sich eigentlich schon überlegt, wie schnell Sie den Marathon laufen wollen bzw. können?

Marathon-Zielzeiten lassen sich aus Wettkampfzeiten über andere, kürzere Distanzen ganz einfach ausrechnen. Am leichtesten nachvollziehbar sind die Berechnungen des Amerikaners Pete Riegel: Danach ergibt die **5-km**-Bestzeit mal **9,798** (= Riegel-Faktor) eine leistungsentsprechende Marathon-Zielzeit. Beispiel: Ein Läufer hat eine 5-km-Bestzeit von 20 Minuten. Wird diese mit 9,798 multipliziert, kommt man auf 196 Minuten. Drei Stunden und sechzehn Minuten betrüge also die anzustrebende Marathon-Zielzeit. Entsprechend gibt Riegel für die **10-km**-Distanz den Faktor **4,667** und für die **Halbmarathon**distanz den Faktor **2,099** an. *Beispiele:* Ein Läufer mit einer 10-km-Bestzeit von 40 Minuten kann von 3:07 Stunden als realistischer Zielzeit ausgehen (40 min x 4,667 = 187 min = 3:07 Std.). Ein Läufer mit einer Halbmarathon-Bestzeit von 1:30 Stunden (= 90 min) wird, wenn alles normal läuft, nach 3:09 Stunden das Ziel erreichen (90 min x 2,099 = 189, also 3:09 Std.).

Renneinteilung planen

Planen Sie Ihr Rennen nicht erst am Morgen vor dem Start, sondern spätestens eine Woche zuvor. Das bedeutet nichts anderes, als sich eine klare Marschtabelle für den Wettkampf zurechtzulegen. Diese orientiert sich an der Marathon-Zielzeit und im Rennen an den Zwischenzeiten pro Kilometer, die Sie aufgrund der Marathon-Zielzeit errechnet haben. Mit Hilfe einer Stoppuhr und der Kilometermarkierungen an der Strecke lassen sich diese Zwischenzeiten im Rennen überprüfen. Wenn routinierte Läufer davon sprechen, den Marathon «im Vierer-Schnitt» zu laufen, dann gehen sie für die einzelnen Kilometerabschnitte von einem Tempo von vier Minuten pro Kilometer, also von einer Endzeit von knapp unter 2:50 Stunden aus (42,195 km x 4:00 min = 2:48:47 Stunden).

Die goldene Regel für eine ideale Marathon-Renneinteilung lautet: Starte langsam und laufe gleichmäßig. Denn je gleichmäßiger das Lauftempo, desto ökonomischer ist der Energieumsatz und desto geringer der Leistungsabfall. Glauben Sie niemals Läufern, die Ihnen weiszumachen versuchen, dass man auf der ersten Streckenhälfte Zeit gutmachen könne, die man auf der zweiten Hälfte aufgrund nachlassender Kräfte verliert. Die Energie, die Sie auf der ersten Streckenhälfte «verpulvern», gibt Ihnen niemand zurück. Laufen Sie im Gegenteil erst einmal «auf Reserve», um eine zu frühe Erschöpfung Ihres Energiedepots zu verhindern.

Übrigens – für den Fall, dass Sie sich doch auf diesen zweifelhaften «Expertenrat» eingelassen haben: Je nachdem, wie viel zu schnell Sie auf den ersten Kilometern waren, desto früher kommt auch der Einbruch. Sind Sie also die erste Streckenhälfte nahezu in Ihrem Halbmarathon-Renntempo gelaufen, können Sie auch davon ausgehen, dass Ihre Energiereserven nur bis zur Hälfte vorhalten und Sie einen Einbruch erleben,

der das Erreichen des Ziels zur Qual machen wird (von der Realisierung Ihrer Wunschzeit einmal ganz abgesehen).

Wer also nicht nach dem Startschuss wie vom Teufel verfolgt auf und davon jagt, sondern in der Lage ist, ein besonnenes Tempo anzuschlagen, dem sei diese «51:49-Taktik» ans Herz gelegt. Es müssen natürlich nicht genau 51 und 49 Prozent sein. Hauptsache, der erste Teil der Strecke wird keinesfalls schneller zurückgelegt als im Zielzeit-Tempo.

Kohlenhydrate speichern

Das Thema Kohlenhydrate ist sehr komplex, deshalb ein kleiner wissenschaftlicher Exkurs mit allem, was Sie zu diesem Thema wissen müssen. Kohlenhydrate und Fette sind die wichtigsten Treibstoffe des Läufers.

Man könnte Kohlenhydrate auch das «Muskelbenzin» des Körpers nennen. Sie lassen sich von den Muskelzellen am leichtesten aufnehmen. Verarbeitete Kohlenhydrate gelangen als Glukose ins Blut oder werden als Glykogen in den Muskeln und in der Leber gespeichert. Bei intensiver Belastung werden zuerst und hauptsächlich Kohlenhydrate verbrannt, aber auch nur diese lassen eine intensive Belastung überhaupt zu. Fette werden dagegen vor allem bei lang andauernder und weniger harter Belastung verbrannt. Im menschlichen

Körper haben beide Energieträger ein extrem unterschiedliches Speichervolumen: Ein gut trainierter, 70 Kilogramm schwerer Läufer kann rund 1800 kcal (= Kalorien pro Kilo) in Form von Glukose bzw. Glykogen speichern. Dagegen sind die Reserven an gespeichertem Fett enorm: 60 000 bis 100 000 kcal sind nicht ungewöhnlich. Für aktive Sportler heißt das: Aufgepasst, das Reservoir an Kohlenhydraten ist stark limitiert, das Fettdepot hingegen beinahe unerschöpflich.

Beim Marathon werden die Kohlenhydratspeicher des Körpers nahezu vollständig entleert. Danach steht nun fast ausschließlich Fett als Energieträger zur Verfügung (allerdings würde auch die Fettverbrennung ohne ein Minimum an Glykogen nicht mehr funktionieren). Da Fett bei langsamerem Lauftempo schneller erschlossen wird, Kohlenhydrate aber der Energielieferant für das schnelle Tempo sind – vergleichbar mit Super-Benzin und Diesel –, sollte man als Läufer bemüht sein, über einen möglichst langen Zeitraum Energie aus Glykogen zu schöpfen und folglich eine möglichst große Menge an Kohlenhydraten gespeichert haben. Und hier kommt unsere Ernährung ins Spiel. Man spricht vom so genannten «Carboloading», was salopp übersetzt nichts anderes bedeutet als «Kohlenhydrate

einlagern». Erst wenn der Kohlenhydratanteil unserer Ernährung bei etwa 70 Prozent liegt, werden die Glykogenspeicher optimal aufgefüllt: Diese Formel gilt natürlich erst recht für die Tage vor dem Marathon. Klassische Kohlenhydrat-Lieferanten sind Nudeln, daher auch die «Pasta-Party» für die Marathonläufer am Tag vor dem Wettkampf.

Drei Tage dauert es, bis die Kohlenhydratspeicher optimal gefüllt sind. Der englische Wissenschaftler K. M. Roberts hat errechnet, dass mit 500 bis 600 Gramm Kohlenhydraten pro Tag eine optimale Einlagerung von Muskelglykogen gewährleistet ist. Bei der Ernährungszusammenstellung für die letzten Tage vor dem Marathon kann eine Nährwerttabelle (erhältlich in Drogerien und Apotheken) deshalb sehr hilfreich sein, die die Zusammensetzung der Lebensmittel genau auflistet. Stellen Sie anhand dieser Liste Ihre Vorwettkampfkost nach dem 65– 25– 10-Prinzip zusammen: 65 Prozent Kohlenhydrate, 25 Prozent Fett, 10 Prozent Eiweiß. Generell ist eine 65-prozentiger Kohlenhydratanteil in der Ernährung nur sehr schwer zu erreichen, da muss man wirklich «extrem ausgewählt» essen. Im Restaurant finden Sie wohl nirgends ein Menü, das diesen Ansprüchen gerecht wird, außer Sie verzichten bei der Bestellung auf Soßen.

Das beste Zeichen für eine ausreichende Einlagerung von Kohlenhydraten ist eine leichte Gewichtszunahme in den Tagen vor dem Marathon (2 bis 2,5 Kilogramm mehr Gewicht sind völlig in Ordnung). Mit jedem Gramm Kohlenhydrate, das der Körper speichert, nimmt er auch zwei bis drei Gramm Wasser auf. Wichtig: Das Carbo-loading hat keinerlei Nachteile, nur die Belastung für den Magen ist bei kohlenhydratreicher Kost relativ hoch. Deshalb sollte man auch am Abend vor dem Marathonstart den Kohlenhydratanteil der Nahrung wieder etwas senken.

Heiße News für heiße Tage

Hätten Sie's gewusst? Ein Getränkequiz mit sieben Fragen Eine ausreichende Flüssigkeitsversorgung ist lebenswichtig für den Körper, vor allem beim Sport. Doch viele Läuferinnen und Läufer unterschätzen die Bedeutung der Flüssigkeitsversorgung bei langen Ausdauerwettbewerben. Testen Sie Ihr Wissen in Sachen Flüssigkeitsversorgung anhand der folgenden sieben Fragen. Die richtigen Antworten werden prompt nachgereicht.

1. Bei einem langen Lauf lässt sich einer Dehydrierung vorbeugen, indem man etwa alle drei Kilometer einen Becher Flüssigkeit zu sich nimmt.
   ❑ Richtig   ❑ Falsch

2. Am Vortag eines Wettkampfs sollten koffeinhaltige Getränke gemieden werden.
   ❑ Richtig   ❑ Falsch

3. Die Aufnahme eines Sportgetränks anstelle von Wasser erfordert weniger Aufenthalte an späteren Verpflegungsstellen.
   ❑ Richtig   ❑ Falsch

4. Ein Sportgetränk unmittelbar nach dem Lauf ist zur Erholung ausreichend.
   ❑ Richtig   ❑ Falsch

5. Da Bier Kohlenhydrate enthält, beschleunigt es nach einem Wettkampf ebenfalls die Erholung.
   ❑ Richtig   ❑ Falsch

6. Während eines langen Laufs sollte man keine Limonade trinken.
   ❑ Richtig   ❑ Falsch

7. Sportgetränke mit Fruchtzucker (Fruktose) sind besser als solche, die raffinierten Zucker in Form von Sukrose oder Glukose enthalten.
   ❑ Richtig   ❑ Falsch

Die Antworten

1. Falsch Bei warmem Wetter kann der Flüssigkeitsverlust durch Schwitzen bis zu zwei Liter pro Stunde betragen! Die üblichen Trinkbecher an Verpflegungsstationen sind mit etwa 100 bis 150 Millilitern Wasser, Tee oder anderen Getränken gefüllt, von denen man in der Hitze des Gefechts leicht noch einen Teil verschüttet. Bei einem Becher alle drei Kilometer (sollten die Verpflegungsstellen überhaupt so dicht stehen!) werden Sie bestenfalls die Hälfte des Schweißverlusts ausgleichen.

Einer Empfehlung des Amerikanischen Instituts für Sportmedizin zufolge sollte ein Läufer in Intervallen von 15 bis 20 Minuten zwischen 150 und 350 Milliliter trinken. Bei längeren Trainingsläufen ist es daher angeraten, stets eine Trinkflasche, zum Beispiel am Gürtel, mitzuführen oder bei Rundstrecken an einer geeigneten Stelle zu deponieren. Das gilt vor allem dann, wenn Sie zu einem Läufertyp gehören, der stark schwitzt. Günstig sind vor allem spezielle Trinkflaschen mit Schlauch, aus denen man leicht ab und zu einen Schluck nehmen kann, ohne anhalten zu müssen. Tests bei Radrennfahrern haben ergeben, dass auf diese Weise eine bessere Hydrierung gewährleistet wird als zum Beispiel mit Flaschen, die in herkömmlicher Weise am Rahmen festgeklemmt

sind. Je einfacher das Trinken gemacht wird, desto konsequenter wird auch getrunken. Wer sich für solche «Hydrierungs-Packs» entscheidet, sollte beim Kauf auf Modelle guter Qualität achten, die sich bequem und fest am Körper tragen lassen.

2. Falsch Der Verzicht auf Koffein vor einem Rennen mag durchaus die Ursache für einen Leistungseinbruch sein. Zwar ist richtig, dass Koffein die Urinproduktion anregt und damit Flüssigkeitsverlusten Vorschub leistet. An den Tagen vor einem Wettkampf ist dies jedoch kein Grund, auf die gewohnte Dosis Koffein zu verzichten, solange ansonsten auch ausreichend getrunken wird.

In Kaffee, Tee, Cola und anderen Getränken enthaltenes Koffein wirkt stimulierend und hat als Muntermacher auch eine nützliche Funktion.

Der Nachteil ist, dass Koffein abhängig macht: Ohne den Koffeinstoß am frühen Morgen kommen viele überhaupt nicht in die Gänge. Ein Verzicht auf das gewohnte Koffein kann leicht zu typischen Entzugserscheinungen wie Kopfschmerzen und Lethargie führen, die bisweilen stundenlang anhalten können.

Sind also der Kaffee oder das koffeinhaltige Erfrischungsgetränk Teil Ihres üblichen Aufgalopps, ohne dass sich daraus im Training negative Folgen ergeben haben, sollten Sie auch am Wettkampftag keine Ausnahme machen. Auf jeden Fall sollten Sie so viel trinken, dass der Urin stets hell gefärbt bleibt, also fast keine sichtbaren Rückstände aufweist.

3. Richtig Das in Sportgetränken, wenn auch nur in geringer Menge, enthaltene Kalium bindet Flüssigkeit im Körper. Das salzige Mineral erspart so nicht nur den einen oder anderen «Pit-Stopp», sondern ruft auch ein gewisses Durstgefühl hervor, das zum reichlichen Trinken animiert.

4. Falsch Ein gut ausbalanciertes Sportgetränk ist nach einer harten Belastung zwar ein guter Anfang, aber nicht ausreichend. Diverse sportmedizinische Studien belegen eindeutig, dass eine Mischung aus Proteinen und Kohlenhydraten die Glykogenspeicher besser wieder auffüllt als Kohlenhydrate allein.

Auf einem Kongress des American College of Sports Medicine stellten die Sportphysiologen Dr. John Ivy und Dr. Peter Raven die Ergebnisse einer an Radprofis durchgeführten Untersuchung vor, bei der die Erholungsfähigkeit unter Einsatz eines neu entwickelten Spezialgetränks getestet wurde. In den ersten vier Stunden nach einem intensiven, zweistündigen Radtraining tranken einige Sportler diese Protein-Kohlen-hydrat-Mischung, eine Vergleichsgruppe dagegen ein handelsübliches Sportgetränk. Anschließend setzten sich alle Radfahrer erneut einer Belastung bis zur Erschöpfung aus. Diejenigen Sportler, die ihre Erholung durch das Protein-Kohlenhydrat-Getränk unterstützt hatten, hielten dabei 66 Prozent länger durch.

Der Effekt erklärt sich nur teilweise daraus, dass es mehr Kalorien als das Vergleichsgetränk enthielt. Hinzu kommt, dass zusätzliches Protein die Produktion von Insulin, einem für die Wiederherstellung der Glykogenspeicher ganz wichtigen Hormon, stimuliert. Die Studienergebnisse geben zumindest einen Hinweis darauf, dass eine Mischung aus Kohlenhydraten und Proteinen im Verhältnis 4:1 erholungsfördernd ist. Neben solchen Spezialmixturen könnten Sie es übrigens durchaus einmal mit fettarmer Schokomilch versuchen, die üblicherweise genau das gewünschte Mischungsverhältnis aufweist.

5. Falsch Das eine oder andere Bierchen zur Feier des Erfolgs nach dem Zieleinlauf hemmt die rasche Regeneration. Zunächst bewirkt Bier eine Entwässerung, die den ohnehin dehydrierten Körper zusätzlich belastet. Darüber hinaus beeinträchtigt Alkohol die Leberfunktion. Gerade die entleerten Glykogenspeicher der

Leber gilt es jedoch nach einem langen, harten Lauf möglichst schnell aufzufüllen. Alkohol verklebt praktisch die Leber und wirkt somit kontraproduktiv.

Natürlich brauchen Sie sich das wohlverdiente Bier oder den Schampus zur Feier des Tages nicht zu versagen, doch sollten Sie damit warten, bis Ihr Körper ausreichend hydriert und mit Energie versorgt ist. In den ersten dreißig Minuten nach dem Lauf sollte man sich mindestens einen halben Liter Flüssigkeit und möglichst etwas leicht verdauliche Nahrung (zum Beispiel ein Geflügelsandwich) spendieren.

6. Richtig Limonaden enthalten in der Regel 12 bis 15 Gewichtsprozent Kohlenhydrate und damit mehr als die allgemein empfohlenen und in der Mehrzahl der Sportdrinks zu findenden sechs bis neun Prozent. Studien haben erwiesen, dass eine zu hohe Kohlenhydratkonzentration die Absorption von Wasser behindert, das dann zu lange im Magen bleibt und das Risiko einer Dehydrierung vergrößert. Handelsübliche Sportgetränke sind dagegen so gemischt, dass sie die Kohlenhydrat- und Flüssigkeitsaufnahme während des Laufens optimal unterstützen.

7. Falsch Die für Läufer geeignetsten Kohlenhydrate liegen in Verbindungen vor, die für den Körper leicht zu spalten sind und im Darm ohne weiteres absorbiert werden. Fruktose, wegen ihres natürlichen Vorkommens in vielerlei Obst auch Fruchtzucker genannt, bremst in der Tat die Aufnahme von Energie und Wasser und behindert so die Versorgung der Muskeln. Studien haben zudem ergeben, dass ausschließlich auf Fruktosebasis gemixte Getränke Magenbeschwerden hervorrufen können.

Geringe Mengen Fruktose in einem Sportdrink werden jedoch in der Regel problemlos aufgenommen, solange auch andere, leichter absorbierbare Zucker enthalten sind. So findet man in vielen Spezialgetränken neben etwas Fruktose noch Sukrose (Tafelzucker), Glukose (einfacher Zucker, der dem Körper als Brennstoff dient) und Maltose (Disaccharid aus zwei Molekülen Glukose).

Am besten studieren Sie gründlich das Flaschenetikett, um sich zu vergewissern, dass Fruktose nicht an erster Stelle der Inhaltsstoffe aufgelistet ist. Als optimal werden solche Getränke empfohlen, die mindestens zwei Arten von Zucker enthalten.

Die mentale Einstellung

Ein Marathon ist kein Pappenstiel: 42,195 Kilometer wollen erst einmal bewältigt sein. Die körperliche Vorbereitung allein reicht nicht aus, um dieses Abenteuer zu bestehen: Sie müssen schon genau wissen, worauf Sie sich einlassen, wenn Sie am Tag X an der Startlinie stehen. Nichts ist fataler, als wenn mit dem Startschuss plötzlich die Erkenntnis da ist: Hoppla, ich laufe ja tatsächlich einen Marathon. Aber wie schnell will ich eigentlich laufen, und wie teile ich mir das Ganze ein?

Also gilt es, sich physisch und psychisch umfassend auf den Marathon vorzubereiten, und zwar frühzeitig.

Den Tag X vorwegnehmen Sie haben Bedenken, ob Sie den Ansprüchen dieser Distanz tatsächlich gewachsen sind? Machen Sie sich deutlich, wovor Sie Angst haben, visualisieren Sie Ihr Problem! Versuchen Sie, Kilometer für Kilometer der Strecke im Kopf abzulaufen, sie Revue passieren zu lassen. Benutzen Sie dabei einen Streckenplan, den Sie mit dem Finger «abfahren». Überlegen Sie, wie Sie im Falle eines Falles mit einer misslichen Situation umgehen wollen. Und vergessen Sie nie, dass Sie sich auf dieses Ereignis zwölf Wochen intensiv vorbereitet haben. Und zigtausend andere Läufer haben dies schließlich auch schon geschafft.

Auf diese Weise programmieren Sie Ihr Gehirn ein Stück weit, in heiklen Situationen intelligent zu reagieren. Sie sind auf schwierige Situationen vorbereitet und müssen nicht Ad-hoc-Entscheidungen treffen, sondern brauchen diese nur abzurufen.

Trick 17 mit Selbstüberlistung Ein Marathon ist 42 Kilometer lang. Einmal unterwegs, beginnen Anfänger die Kilometer zu zählen: «Noch 40 Kilometer, 39, 38 …» Ganz schön deprimierend. Besser: Sie laufen nicht 42 Kilometer, sondern einfach viermal zehn Kilometer und hängen am Schluss noch zwei zur Krönung dran.

Sie machen sich während der letzten Woche immer wieder klar, dass der Marathon nicht mehr ist als ein 10-km-Lauf, und der wird viermal hintereinander abgespult.

Entspannen Je entspannter Sie sind, desto größer auch Ihre geistige und körperliche Leistungsfähigkeit. In den letzten sieben Tagen vor dem Marathon sollten Sie täglich leichte Atem- und Entspannungsübungen durchführen. Sie kosten kaum Zeit, wirken aber äußerst wohltuend. Ruhige, tiefe Atemzüge entspannen den Körper und steigern die allgemeine Leistungsfähigkeit. Dabei wird ein Maximum an Sauerstoff über die Lungen ins Blut gepumpt, Gehirn- und Körperzellen werden mit Energie versorgt. Die Atmung tief in den Bauch (nicht nur in die Brust) ist die beste Atmung. Dabei spielt das Zwerchfell eine entscheidende Rolle: Es bewegt sich langsam nach unten, der Bauch wird herausgestreckt, das volle Lungenvolumen ist nutzbar.

Übrigens ist die Zwerchfellatmung nicht nur für die Entspannung, sondern auch fürs Laufen empfehlenswert.

KAPITEL 7

Das Training kurz vor dem Marathon

Viele Läuferinnen und Läufer machen in den letzten beiden Wochen vor dem Marathon die entscheidenden Trainingsfehler, indem sie diese wichtige Entlastungsphase falsch gestalten. Der Grund liegt auf der Hand: Je näher der Wettkampf rückt, desto mehr Zweifel regen sich. So versuchen viele, gerade in den letzten zwei Wochen «nachzuholen», was sie glauben, zuvor versäumt zu haben. Einen Tag mit dem Training auszusetzen bereitet ihnen sofort ein schlechtes Gewissen. «Ich muss ranklotzen», fordert die innere Stimme unmissverständlich.

Nicht immer ist es sinnvoll, seinen spontanen Eingebungen zu folgen. Das Einzige, was wirklich sein muss, ist Ruhe. Doch wie viel Ausruhen ist nötig, was wäre zu viel? Ein pauschales Rezept, das für jeden passt, gibt es nicht. Doch wenn diese so genannte *Tapering*-Phase nur wenige Tage anstatt mehrere Wochen umfasst, stehen die Chancen sehr schlecht, dass Sie die antrainierte Form wirklich so optimal umsetzen werden, wie es möglich wäre.

Ausgeruht am Start

«Beim konsequenten Langstreckentraining, gerade für die Marathondistanz, kommt es ständig zu Mikroverletzungen im Muskelgewebe, und die Energievorräte der Muskeln sind immer bis zu einem gewissen Grad erschöpft», erläutert der Sportphysiologe Dr. Joseph Houmard von der East Carolina University in Greenville (USA). «Dem kann man dadurch aus dem Weg gehen, indem man die Trainingsbelastung herabsetzt und den Muskeln Zeit zur Regeneration gönnt. Schon die Reduzierung des Kilometerumfangs kann den Prozess der Wiederherstellung des Muskelgewebes beträchtlich fördern.»

Tapering ermöglicht es dem Körper außerdem, eine spezielle Art Fettsäuren anzusammeln, die – im Muskelgewebe eingelagert – ebenso wie die kostbaren Glykogenvorräte, die somit geschont werden, bei schnellem Laufen unmittelbar der Energiegewinnung zufließen.

Gute Beispiele für die positive Wirkung einer solchen Belastungsreduzierung sind die hervorragenden

Marathonergebnisse, die Weltklasseläufer bisweilen nach einer verletzungsbedingten Trainingspause erzielt haben. Doch muss man weder ein Topathlet noch verletzt sein, um das «Erholungswunder» am eigenen Leibe zu erfahren. Selbst wenn es nicht um eine gute Zeit geht, sondern allein darum, die Strecke zu bewältigen, wird Tapering die Chancen erhöhen, gesund und ausgeruht an der Startlinie zu stehen. Denn gerade in der heißen Phase der Vorbereitung auf einen Marathon wird der Körper bis in Grenzbereiche des Erträglichen belastet. Daher ist es nicht verwunderlich, dass Verletzungen in den letzten sechs Wochen der Vorbereitung statistisch am häufigsten zu verzeichnen sind.

Kilometerumfang reduzieren

Wie ein gut abgestimmtes Tapering (flapsig formuliert: Training runter, Entspannung rauf) diese Gefahr bannen kann, wissen nicht nur wir aus eigener Erfahrung. Ein vernünftiger Trainingsplan hilft, sich vor übergroßem Enthusiasmus zu schützen. Denn subjektiv fühlt man sich so kurz vor dem großen Lauf in bester Form und kann der Versuchung nur schwer widerstehen, hier und da noch einen zusätzlichen Trainingslauf einzubauen. Machen Sie sich immer wieder klar, dass der Wettkampf das Einzige ist, was zählt, und dass zusätzliche Kilometer Sie auf keinen Fall schneller machen, sondern mit einiger Wahrscheinlichkeit daran hindern, am Tage X das Optimale aus sich herauszuholen.

Dagegen sollten Sie sich keinesfalls sorgen, die Entlastung zu übertreiben. Um sicher zu sein, auch während der Tapering-Phase noch genügend fürs Konservieren der Form zu tun, sollten Sie weiterhin regelmäßig laufen, dabei jedoch immer kürzere Strecken zurücklegen. Solche ver-

---

TAPERING

Den Begriff «Tapering» (to taper = engl. für «spitz zulaufen», im übertragenen Sinne: «auf den Punkt bringen») benutzte 1947 erstmals der australische Trainer Forbes Carlile für seine Methode einer dreiwöchigen Entlastungsphase vor Wettkämpfen, die seinen Schwimmern offensichtlich beste Resultate einbrachte. Zahlreiche wissenschaftliche Untersuchungen in Ausdauersportarten haben seither die Erkenntnis untermauert, dass allgemeine Ausdauer und Kraft in Phasen mit allmählich reduzierter Trainingsbelastung nicht etwa nachlassen, sondern mitunter sogar nach oben gehen.

kürzten, dafür jedoch etwas schnelleren Läufe erinnern sowohl das Herz-Kreislauf-System wie auch die Beinmuskulatur an die hohe Belastung, die im Wettkampf auf sie warten.

Der letzte lange Lauf

Trainer und Sportphysiologen sind sich darin einig, dass lange Trainingsläufe der Schlüssel zum Marathonerfolg sind. Ebenso wichtig wie die Anzahl der absolvierten Dauerläufe ist jedoch der richtige Zeitpunkt des letzten langen Laufes, bildet er doch den Abschluss des eigentlichen Spezialtrainings und damit die Einleitung der letzten Vorbereitungsphase, die wir hier mit Tapering bezeichnen.

Wie andere Marathonexperten auch setzen wir die letzte sehr lange Einheit etwa zwei Wochen vor dem Wettkampf an. Muskelfasern und Blutgefäße benötigen in der Tat so viel Zeit, um sich vollständig von einer solchen Belastung zu erholen.

Nicht einig sind sich die Experten allerdings, welche Streckenlänge wirklich optimal ist. Junge und an hohe Kilometerumfänge gewöhnte Läufer können durchaus auch zwei Wochen vor dem Marathon noch bis zu 35 Kilometer am Stück laufen, ohne sich dabei zu übernehmen. Geht es Ihnen allerdings darum, die Marathonstrecke überhaupt zu bewältigen oder zählen Sie zur Gruppe verletzungsgeplagter Läufer, sollten Sie sich höchstens 25–30 Kilometer zumuten. Zu einem früheren Zeitpunkt in der Vorbereitungsphase sollten Sie allerdings schon einmal rund 30 Kilometer geschafft haben.

Ganz gleich jedoch, wie lang der letzte Lauf ist – das Tapering muss unmittelbar darauf eingeleitet werden. In den folgenden Tagen und Wochen sollten Sie nie mehr als maximal 15 bis 18 Kilometer am Stück laufen, da die nachhaltigsten Muskelschädigungen jenseits dieser Streckenlängen beginnen.

Spritzigkeit bewahren

Während in den letzten zwei bis drei Wochen keine langen Läufe mehr angesagt sind, sollten Sie auf die gewohnten Tempoeinheiten nicht verzichten: So erhalten Sie sich die nötige Spritzigkeit. Der besondere Trick beim Tapering besteht darin, sich vom in jeder Hinsicht anspruchsvollen Marathontraining zu erholen, ohne die erworbene Kondition und Tempohärte wieder einzubüßen. Dies schafft man am sichersten, indem man zwar den Umfang, nicht aber die Intensität des Trainings allmählich drosselt. Schnelleres Laufen stimuliert Muskelfasern und Kreislauf ausreichend, um das allmählich aufgebaute Leistungsniveau lang genug zu konservieren.

Einer Untersuchung von Duncan

MacDougall, dem Direktor des Labors für Leistungsdiagnostik an der McMaster-Universität in Ontario, zufolge reduzierten seine Probanden ihren Trainingsumfang nicht nur ganz wesentlich, sie legten bei den schnellen Einheiten gegenüber den Vorwochen sogar noch an Tempo zu.

«Nach solchen intensitätsbetonten Taperings konnten wir signifikante Leistungsverbesserungen messen», berichtet MacDougall. «Vergleichsgruppen, die nach dem herkömmlichen Schema allmählich die Umfänge reduzierten beziehungsweise diverse Ruhetage einlegten, schnitten nicht annähernd so gut ab.»

Es spricht also vieles dafür, dass ein Verkürzen der Trainingsstrecken dem Körper die nötige Erholung ermöglicht, während schnelle kürzere Läufe dem Verlust von Form und Tempofähigkeit entgegenwirken. Letztere sollten natürlich nur eine relativ geringe Gesamtbelastung darstellen und höchstens zweimal pro Woche angesetzt werden. Geeignete Tempoeinheiten für die Tapering-Phase könnten folgendermaßen aussehen (wobei zwecks besserer Tempokontrolle eine 400-Meter-Bahn als Trainingsgelände günstig erscheint):

4–6 × 800 Meter im 5000-m-Renntempo, mit jeweils 400 Meter Trabpausen beziehungsweise

6–10 × 400 Meter etwas schneller als das 5000-m-Renntempo, ebenfalls mit 400 Meter Trabpausen.

Mit Bedacht essen

Wie lange Sie Ihr Zieltempo beim Marathon aufrechterhalten können, hängt wesentlich davon ab, wie viel Kohlenhydrate zur Energiegewinnung als Glykogen in den Muskelzellen gespeichert sind. Teigwaren und Getreideprodukte, Kartoffeln und Obst liefern den erforderlichen Brennstoff mit hoher «Oktanzahl».

Dennoch wäre es ein Fehler, sich nun mit Spaghetti voll zu stopfen, bis sie einem aus den Ohren herauskommen. RUNNER'S WORLD-Ernährungsexpertin Dr. Liz Applegate warnt davor, es mit dem «Bunkern von Kalorien» zu übertreiben: «Gerade während des Taperings essen Läufer in der Regel zu viel. Dies führt dann zu spürbarer Gewichtszunahme und einem Gefühl von Trägheit vor dem Wettkampf. Der Körper kann nur eine begrenzte Menge Glykogen speichern; alle überschüssigen Kalorien werden unweigerlich als Fett eingelagert.»

Bei reduziertem Training reicht es völlig aus, die üblichen Mengen hochwertiger Nahrungsmittel, das heißt mit einem Anteil von 60 bis 65 Prozent Kohlenhydraten, wie gewohnt beizubehalten, um die Glykogenspeicher randvoll zu packen. Lediglich in den letzten drei Tagen – und insbesondere den letzten 24 Stunden – vor dem Marathon sind einige spezielle Ernährungsregeln zu beachten:

- Trinken Sie mehr als sonst, besonders wenn hohe Temperaturen zu erwarten sind oder wenn Sie mit dem Flugzeug zum Wettkampf reisen. Ob Sie ausreichend hydriert sind, können Sie an der Farbe des Urins ablesen: Er sollte möglichst klar oder nur schwach gelblich gefärbt sein.
- Schränken Sie zugleich den Genuss von Alkohol stark ein, da dieser die Glykogeneinlagerung hemmt.
- Meiden Sie Nahrungsmittel mit hohem Fettanteil oder Ballaststoffgehalt. Auch scharf gewürzte, blähende oder ungewohnte Speisen sollten besonders am Vorabend des Laufes tabu sein. Und: keine Experimente!
- Essen Sie am Abend vor dem Rennen nicht zu viel. Sie werden sich sonst schwerfällig und lustlos fühlen und häufiger, als Ihnen lieb ist, zur Toilette müssen. Empfehlenswert ist ein leicht verdauliches Abendessen mit 800 bis 1000 Kalorien, zum Beispiel Backkartoffeln mit gedünstetem Gemüse und Tofu-Füllung.
- Etwa drei bis vier Stunden vor dem Start ist ein Snack zu empfehlen. Untersuchungen haben gezeigt, dass ein kleiner Kalorienschub (500 bis 1000 kcal) wenige Stunden vor dem Marathon leistungsfördernd wirkt. Infrage käme Toast mit Honig, vielleicht auch ein Stück vom Vorabend übrig gebliebener Pizza (jedoch ohne Fleischsauce oder zusätzlichen Käse). Vor einem langen Trainingslauf sollten Sie schon einmal ausprobiert haben, ob Ihr Verdauungssystem bei alledem auch mitspielt.

Nur nicht überanstrengen!

Entspannen Sie sich, ruhen Sie sich aus – Sie haben es verdient. Vermeiden Sie in den letzten Tagen langes Stehen, wo immer möglich. Keine Experimente mit neuen Laufschuhen, einem neuen Gericht, neuen Trainingsformen. Und probieren Sie erst recht keine neue Sportart aus, um aufkommende Nervosität zu zerstreuen. Was Sie jetzt am wenigsten gebrauchen können, ist eine Verletzung oder Muskelkater infolge ungewohnter Bewegungen.

Die Marathonwoche ist die richtige Zeit, sich zu verwöhnen oder verwöhnen zu lassen. Es ist nicht unwahrscheinlich, dass Sie gerade in den letzten Nächten vor dem Marathon nicht besonders gut schlafen. Daher ist es ratsam, schon zu Wochenbeginn auf reichlich Schlaf zu achten. Unruhiger Schlaf in der letzten Nacht ist indes kein Anlass zur Sorge: Erfahrungen zeigen, dass selbst eine durchwachte Nacht die Laufleistung nicht beeinträchtigen muss.

Wichtig ist es, in der Marathonwoche den mentalen wie auch den körperlichen Stress auf ein Minimum zu reduzieren:

- Gehen Sie Stress-Situationen in der Arbeit aus dem Weg. Nehmen Sie kein neues Projekt in Angriff, das endlose Überstunden verlangt. Und machen Sie, wenn irgend möglich, den Freitag vor dem Marathon-Wochenende frei.
- Versuchen Sie, Ihre Anreise so zu planen, dass Sie nicht erst am Abend vor dem Rennen eintreffen. Besonders nach Flugreisen sollte ein voller Tag zur Akklimatisierung bleiben.
- Seien Sie bei der Schnäppchenjagd auf einer Marathonmesse nicht zu lange auf den Beinen. Auch größere Sightseeing-Touren sollten Sie sich für die Zeit nach dem Marathon aufsparen.
- Spezielles Krafttraining für die Beinmuskulatur sollten Sie in den letzten beiden Wochen und Hebeübungen zur Oberkörperkräftigung in der letzten Woche vor dem Lauf auslassen.

Was Sie am letzten Tag tun und lassen sollten

- Halten Sie stets eine Flasche Wasser oder einen Sportdrink parat.
- Achten Sie bei Frühstück, Mittag- und Abendessen auf kohlenhydratreiche und zugleich fettarme Kost.
- Erledigen Sie notwendige Formalitäten wie Anmelden, Abholen der Startnummer usw. bereits möglichst früh am Vortag.
- Seien Sie möglichst wenig auf den Beinen.
- Langes Sitzen im heißen Whirlpool oder ausgiebiges Saunieren rauben Ihnen nur Energie.
- Heften Sie die Startnummer schon am Vorabend an das Laufhemd, kontrollieren Sie die Schnürsenkel der Wettkampfschuhe auf eventuelle Schwachstellen, damit sie nicht im letzten Moment reißen.
- Stellen Sie sich Getränke und Snacks für die letzten Stunden vor dem Start bereit.
- Im Hotel: Bestellen Sie einen Weckruf und stellen Sie zusätzlich Ihren Wecker, am besten auf eine Zeit wenigstens drei bis vier Stunden vor dem Start.
- Gehen Sie nicht ungewohnt zeitig zu Bett. Sie werden sich nur schlaflos hin und her wälzen und erst recht schwer Schlaf finden.

KAPITEL 8

Die optimale Renneinteilung

Das Geheimnis der «schnelleren zweiten Hälfte»

Einen Marathon laufen, ohne am «Mann mit dem Hammer» zu verzweifeln? Unmöglich, sagen viele.

Die meisten Läufer können sich gar nicht vorstellen, auf den letzten Kilometern eines Marathons wegen muskulärer Probleme nicht einzubrechen. Es gehört mittlerweile zum Mythos Marathon, dass man sich auf den letzten Kilometern dieser Strecke extrem schwer tun muss. Doch ein langsamer Beginn und das Haushalten mit den eigenen Kräften lohnen sich durchaus und werden nicht selten gar mit einer Bestzeit belohnt.

Die Marathonprofis haben dies längst erkannt. Früher wurden dort Weltrekorde nach dem gleichen Strickmuster herausgelaufen, wie auch Freizeitläufer einen Marathon absolvieren: schneller Beginn, langsames Ende – Hauptsache, es hat dennoch zum Rekord gereicht. Der Brasilianer Ronaldo da Costa präsentierte 1998 beim Berlin-Marathon das neue «Konzept» für Weltklassezeiten. Bei seinem Weltrekord lief er die zweite Hälfte zirka drei Minuten schneller als die erste Hälfte, was in

den Zeitdimensionen von Athleten seines Niveaus einen Quantensprung darstellte. Als der Amerikaner Khalid Khannouchi ihm den Weltrekord abnahm, lief auch er die zweite Hälfte schneller als die erste, wenn auch nur unwesentlich (1:03:07 – 1:02:35). Was bei Spitzenläufern nur das eine oder andere Mal funktioniert, kann für weniger austrainierte Hobbyläufer zum echten Geheimtipp avancieren. Denn bei ihnen geht die «neue Rechnung» beinahe hundertprozentig auf.

20 Prozent der Kohlenhydrate sind in fünf Minuten verbraucht

Bei einem langsamen Beginn verliere ich Zeit, die ich später nicht mehr hereinholen kann, denkt sich der durchschnittliche Hobbyläufer bei seiner Pi-mal-Daumen-Wettkampfstrategie. Generell muss man von Distanz zu Distanz Unterschiede machen. Auf kürzeren Laufdistanzen (5–10 Kilometer) fällt es leichter, die zweite Hälfte schneller als die erste zu laufen; bei einem Marathon aber scheint das die reine Qual zu sein. Muss es aber nicht.

Wissenschaftliche Untersuchungen speziell zu diesem Thema sind leider Mangelware. Die amerikanischen Leistungsdiagnostiker Donald Mahler und Jacob Loke stellten in Untersuchungen an Marathonläufern fest, dass diese bis zu 20 Prozent ihrer gesamten Glykogenvorräte (Kohlenhydrate) schon in den ersten fünf (!) Minuten des Rennens verbraucht hatten. Der Grund: Ein sehr schneller Beginn, bei dem das Tempo im anaeroben Bereich lag. Das Fatale daran ist, dass die schon zu Beginn verbrannten Kohlenhydrate schließlich auf den entscheidenden Marathonkilometern fehlen. Dazu eine kurze Erklärung: Die Kohlenhydratreserven des Körpers, die als Glykogen gespeichert werden, erreichen nach 90 Minuten Ausdauerleistung einen kritischen Tiefpunkt. Dadurch werden die Fettreserven des Körpers zum Hauptbrennstoff für die Muskeln auf den letzten Kilometern. Fett kann – vereinfacht ausgedrückt – aber nur bei niedrigem Lauftempo im Körper verstoffwechselt werden. Das heißt, je eher ein Läufer seine Kohlenhydratreserven aufgebraucht hat und auf den Fettstoffwechsel umschalten muss (genau diesen Moment erleben viele als «Rendezvous mit dem Hammermann»), desto eher muss er auch sein Tempo drosseln.

Einen Marathon steht also am effektivsten durch, wer sein Potenzial verbessert, Kohlenhydrate zu speichern und schließlich im Rennen optimal zu verwerten, also über einen größtmöglichen Zeitraum hinweg.

Zurück zur Untersuchung von Mahler und Loke. Werden tatsächlich durch einen Schnellstart 20 Prozent der Glykogenvorräte schon auf den ersten ein bis zwei Kilometern eines 42 Kilometer langen Rennens verbraucht, nur weil Läufer aus Nervosität nach dem Startschuss abgehen wie Raketen und das Laktat wie wild in die Muskeln schießt, verwundern die typischen Ermüdungserscheinungen beziehungsweise der Einbruch auf der zweiten Marathonhälfte nicht mehr.

Konsequenz: Marathonläufer sollen es vor allem direkt nach dem Startschuss nur langsam angehen lassen, deutlich langsamer als ihr angepeiltes durchschnittliches Renntempo. David Martin, Leistungsphysiologe an der Georgia State University in Atlanta (USA), bestätigte diese Untersuchungen. Er untersuchte 1990 Marathonfinisher in Fukuoka, Peking und Osaka, alles Marathonläufe auf flachen, schnellen Strecken bei vergleichbaren Außenbedingungen: «Die Läufer, die die ersten beiden 5-Kilometer-Abschnitte mehr als drei Prozent schneller liefen als ihr angestrebtes Marathonrenntempo, waren auf den letzten beiden 5-km-Abschnitten mehr als fünf Prozent langsamer, als sie es nach ihrer Tempovorgabe hätten sein dürfen.» Martin führt weiter aus: «Läufer, die etwas langsamer als das angestrebte Renntempo für die ersten beiden 5-km-Abschnitte waren, erwiesen sich auf den letzten beiden 5-km-Abschnitten mit Abstand als die schnellsten.» Dies legt nahe, dass ein vorsichtiger Rennbeginn hilft, die Energiereserven sinnvoll einzuteilen. Dave Martin wies allerdings auch darauf hin, dass die erste Hälfte eines Marathons, abgesehen von den ersten beiden Kilometern, nicht extrem viel langsamer sein sollte als die zweite Hälfte, da man ansonsten tatsächlich Gefahr läuft, Energie zu bunkern, die man am Schluss nicht mehr in Zeit umsetzen kann.

Psychologische Vor- und Nachteile

Was kann demotivierender sein, als zur Halbzeit des Rennens weit hinter der Marschtabelle zurückzuhängen? Wer sich aber überwindet und es auf den ersten Kilometern langsamer angehen lässt, wird sich in seinen Zwischenzeiten aufbauen – und daran, dass er Läufer für Läufer «schluckt», nur noch überholt und nicht mehr überholt wird. Vor lauter Hochgenuss steigt der Adrenalinspiegel. Natürlich unterliegt eine sinnvolle

Renneinteilung auch der Streckenbeschaffenheit und den Witterungsbedingungen. Ein Rennen, das auf der ersten Hälfte bergab und auf der zweiten Hälfte bergauf geht, wäre sicherlich kein gutes Experimentierfeld für eine schnellere zweite Hälfte. Dasselbe gilt für Veranstaltungen, bei denen absehbar der erste Streckenabschnitt mit Rückenwind und der zweite mit Gegenwind gelaufen wird. Oder für Wettkämpfe, die im Sommer frühmorgens bei angenehmer Kühle starten und bei erbarmungslos vom Himmel brennender Sonne enden.

Unter schwierigen äußeren Bedingungen (Hitze, hohe Luftfeuchtigkeit usw.) laufen vorsichtig gestartete Wettkämpfer die zweite Hälfte meist gar nicht schneller als die erste, aber sie müssen auf dem zweiten Teilstück in der Regel den schweren Bedingungen weniger Tribut zollen.

Schneller kann jeder

Zugegeben, es ist wirklich nicht so einfach, auf einmal die komplette Renntaktik umzuschmeißen. Dies muss man gründlich trainieren. Wer im Rennen eine schnellere zweite Hälfte laufen will, muss dies eben auch bei seinen Trainingsläufen tun. Mit der Zeit wird sich der Körper an diese andere Art der Energieeinteilung gewöhnen, und es wird Ihnen leicht fallen, sich auf den ersten Laufkilometern zurückzuhalten und die Energie für den schweren Rest zu sparen.

Natürlich kann man diesen «Lernprozess» auch durch ganz gezielte Trainingseinheiten unterstützen, zum Beispiel mit Tempodauerläufen (siehe Seite 31 f.). Teilen Sie sich diesen Tempodauerlauf ab und zu so ein, dass Sie etwas langsamer als im geplanten Marathon-Renntempo loslaufen, erst nach etwa einem Drittel der Zeit im Renntempo laufen und im letzten Drittel aufdrehen und schneller als im Marathon-Renntempo unterwegs sind. Beispiel: Ein 4-Stunden-Marathonläufer braucht durchschnittlich etwa 5:40 Minuten pro Kilometer; dies ist sein Marathon-Renntempo. Absolviert er einen 40-minütigen Tempodauerlauf in der Vorbereitung auf seinen nächsten Marathon, sollte er die ersten 15 Minuten etwa im 5:50–6:00-Minuten-Tempo laufen, dann 10 Minuten im 5:40er-Tempo und schließlich die letzte Viertelstunde im 5:30–5:20er-Tempo.

Ambitionierte Läufer, die in ihrer Wettkampfvorbereitung auch das Intervalltraining nutzen, können in der Vorbereitung auf ein Rennen mit einer schnelleren zweiten Hälfte «hinten heraus» die Belastungen intensivieren. Weltklasseathleten laufen oft die ersten Intervallbelastungen bewusst um einiges langsamer

als die letzten. *Beispiel*: Ein Läufer mit einer 10-km-Bestzeit von 40 Minuten (das entspricht einem Tempo von 4 Minuten/km) absolviert ein Intervalltraining von 6 × 1000 m im 10-km-Wettkampftempo mit jeweils 400-m-Trabpause zwischen jedem Intervall. Die ersten zwei 1000-m-Intervalle läuft er jeweils in 4:10 Minuten. Die nächsten beiden in 4:00 Minuten und die letzten in 3:50 Minuten. Probieren Sie es aus.

Haben Sie schließlich das neue Prinzip in Ihrem Training verinnerlicht, wird es höchste Zeit, es jetzt auch in einem Wettkampf anzuwenden. Suchen Sie sich dazu unbedingt ein Rennen aus, bei dem Sie Kilometer für Kilometer Ihre Zeit überprüfen können. Informieren Sie sich beim Veranstalter, ob jeder Kilometer der Laufstrecke markiert ist. Errechnen Sie aus Ihrer angestrebten Endzeit die durchschnittlichen Kilometerzeiten. Teilen Sie Ihr Rennen so ein, dass Sie auf dem ersten Drittel der Strecke zirka 5 Prozent langsamer sind als das errechnete Durchschnittstempo. Versuchen Sie zur Streckenhälfte auf Durchschnittstempo zu liegen und forcieren Sie auf dem letzten Drittel das Tempo bewusst mindestens um 5 Prozent gegenüber Ihrer Zeitvorgabe.

Beispiel: Wollen Sie den Marathon in 4:00 Stunden laufen, entspricht dies einem Kilometerschnitt von 5:40

Minuten. Laufen Sie die ersten 15 Kilometer also um 5 Prozent langsamer, entspricht dies einem Schnitt von rund 6:00 Minuten. Versuchen Sie ab Kilometer 16 bis Kilometer 25 im durchschnittlichen Marathon-Renntempo von 5:40 Minuten zu liegen – und forcieren Sie schließlich auf dem letzten Streckendrittel um die besagten 5 Prozent auf 5:25 Minuten/Kilometer.

Einige Tipps fürs Tempo-training

Mit Rückenwind bergab Eine optimale Trainingsmöglichkeit, um sich auf einen Wettkampf vorzubereiten, bei dem man die zweite Hälfte schneller laufen will als die erste.

Auf gerader Strecke Die einfachste Möglichkeit, sich auch psychologisch auf einen langsameren Laufbeginn und ein schnelleres Ende einzustellen, besteht auf einer Wendepunktstrecke. Laufen Sie zum Wendepunkt in zügigem, aber moderatem Tempo und steigern Sie auf dem Rückweg das Tempo kontinuierlich: zunächst um 10 bis 20 Sekunden pro Kilometer, am Schluss vielleicht um 30 bis 40 Sekunden. (Das hängt natürlich auch von der Gesamtlänge der Trainingseinheit ab.)

Auf einer Runde Steigern Sie – je nach Länge der Runde – alle ein, zwei, drei … Runden das Tempo stetig. Halten Sie hierzu die Zeit jeder Runde fest. Die schnellste Runde sollte unbedingt die Letzte sein, aber auch bei dieser sollten Sie sich – wenn überhaupt, dies ist schließlich ein Training und kein Wettkampf – erst auf den letzten 200 Metern richtig auspowern.

Auf der Laufbahn Absolvieren Sie ein Intervalltraining, bei dem sich Belastungen mit Entlastungen abwechseln. Steigern Sie die Belastungsintensität vom ersten bis zum letzten Intervall. Die Varianten sind zahlreich. Beispiel: 6 x 400 Meter schnell mit jeweils 400 Metern Trabpause dazwischen. Die ersten beiden 400er werden mit 90 Prozent der maximalen Leistungsfähigkeit gerannt, die zweiten mit 95 Prozent, und die letzten beiden mit fast 100 Prozent der maximalen Leistungsfähigkeit.

WETTKAMPFSCHUHE FÜR DEN MARATHON?

Wettkampfschuhe sind superleicht und machen optisch etwas her. Laut einer amerikanischen Studie wirken sich 30 Gramm Gewichtsersparnis am Schuh in einer Zeitersparnis von einer Sekunde pro Meile (1,6 km) aus. Rechnet man so das Gewicht von herkömmlichen Trainings- (ca. 350 Gramm) und Wettkampfschuhen (ca. 230 Gramm) gegeneinander auf die Marathondistanz hoch, kommt eine Zeitdifferenz von Minuten zusammen. Auch der psychologische Vorteil ist nicht zu verachten: Das Gefühl, auf leichten Schuhen und schnellen Beinen durch den Wettkampf zu rauschen, verstärkt den Leistungskick.

Doch Vorsicht! Wettkampfschuhe sind zwar sehr leicht, aber sie bieten wenig Stabilität und Dämpfung, und das ist ein nicht zu unterschätzender Nachteil. Zugunsten des Gewichts wird bei Wettkampfschuhen immer auf Kosten der Funktionalität gespart. Doch Stabilität und Dämpfung sind für die meisten Läufer in einem Wettkampf unabdingbar. Pauschal lässt sich sagen: Je weniger ambitioniert ein Läufer ist und je mehr Gewicht er mitbringt, desto mehr Stabilität und Dämpfung muss der Schuh bieten. Umgekehrt heißt das: Je höher das Leistungsvermögen, je leichter der Körperbau, je effektiver der Laufstil und je kürzer die Wettkampfdistanz, desto geringer kann das Gewicht des Schuhs sein.

Wer also zehn Kilometer nicht unter 40 Minuten läuft (Frauen: 45 Minuten) und den Marathon nicht unter drei Stunden (Frauen: unter 3:30 Stunden), wer außerdem über 75 Kilogramm wiegt (Frauen: 65 Kilogramm), ist mit (leichten) Trainingsschuhen besser bedient als mit superleichten Wettkampfschuhen. Wer irgendeine Art von Fußfehlstellung aufweist, sollte sowieso die Hände (beziehungsweise die Füße) von den flotten «Schlüppchen» lassen.

Fazit: Wettkampfschuhe bieten Zeitvorteile – allerdings nur für einen kleinen Kreis von leistungsstarken Läufern.

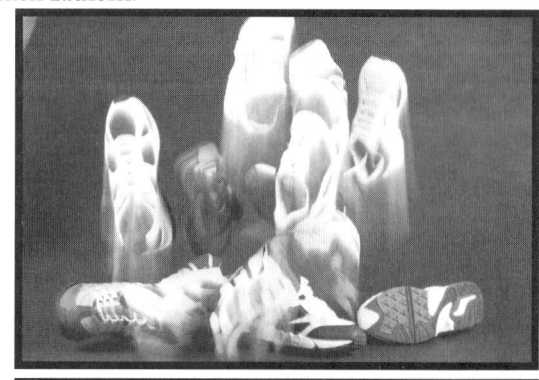

KAPITEL 9

Regeneration

Wer Marathon läuft, geht an die Leistungsgrenzen. Regeneration nach dem Wettkampf ist mindestens genauso wichtig wie die Trainingsvorbereitung in den letzten 2 – 3 Wochen vor dem Marathon. Denn wer nicht richtig regeneriert, bezahlt früher oder später dafür: mit Leistungseinbußen bis hin zu Überlastungsbeschwerden und Verletzungen.

Beine hochlegen

Man liest es immer wieder in diversen Laufratgebern: Legen Sie hin und wieder eine Ruhephase ein! Aus eigener Erfahrung wissen wir jedoch, wie schwer es ist, diesen Rat zu beherzigen, vor allem, wenn man zu denen gehört, die regelmäßig trainieren. Irgendwo sitzt im Kopf die Idee fest, dass nur stetige harte Arbeit zum Erfolg führt. Fünfzig Laufkilometer pro Woche, so das einfache Kalkül, müssen einfach besser sein als dreißig. Und wenn vor dem Start eines Rennens Zweifel aufkommen, ob auch alles für die Topform getan sei, dann sicher wegen jener Tage, an denen wir uns gestattet haben, die Beine

hochzulegen, anstatt zu laufen. Und wenn man an den Tagen nach einem Rennen – egal, ob es erfolgreich war oder nicht – wieder ins Training einsteigt, dann ist nur der eine Gedanke da, wie man schnellstmöglich noch besser, effektiver und härter trainieren kann.

Eines sollte Ihnen allerdings immer klar sein: Es gibt keinen linearen Zusammenhang zwischen mehr Training und besserer Wettkampfleistung. Der menschliche Körper benötigt regelmäßige Erholungsphasen, um optimal zu funktionieren. Die Zahl der erforderlichen Ruhetage muss in der Regel sogar aufgestockt werden, je höher die Trainingsbelastung wird. Wie soll dies möglich sein – härter trainieren und dem Körper dennoch mehr Erholung verschaffen? Klingt, als liefe das auf die Quadratur des Kreises hinaus. Aber die Antwort ist einfach: Indem Sie jede Woche, jeden Monat und jedes Jahr bewusst Erholungsblöcke in Ihren Trainingsplan einbauen, besonders nach schweren Belastungen, zum Beispiel einem Marathon.

Warum regenerieren?

Wir sollen Sie mit unserem Gerede von «Ruhetagen usw.» in Frieden lassen? Dann wollen wir Ihnen mal ein bisschen Angst machen – da wir Sie sonst voraussichtlich nie «zur Ruhe kriegen» – und Ihnen zeigen, welche Auswirkungen hohe Belastungen tatsächlich auf Ihren Körper haben. Diverse Studien belegen, wie Muskulatur und Organismus durch harte und lang andauernde Belastungen (über)beansprucht werden und wie viel Zeit eine komplette physische Regeneration beansprucht.

Der Japaner Hikida untersuchte Mitte der achtziger Jahre im Rahmen einer aufwendigen Studie in den USA die muskulären Belastungen bei einer Gruppe von Marathonläufern vor, direkt nach und am dritten, fünften und siebten Tag nach einem Marathonlauf. Hikida stellte fest, dass die Muskelzellen aller Probanden starke Schäden aufwiesen. Am auffälligsten waren diese am ersten und dritten Tag nach dem Marathon, aber grundsätzlich bei allen Läufern auch noch sieben Tage nach dem Lauf deutlich nachweisbar. Und nebenbei stellte sich auch heraus, dass bei jedem vierten die Muskulatur schon am Tag vor dem Start eindeutige Zeichen von Überbeanspruchung aufwies. Dabei hatten diese Läufer ganz einfach nur eines getan: zu hart trainiert.

Als Probanden einer anderen Testgruppe injizierte der Wissenschaftler Peter Martin Ultramarathonläufern (also Läufern, die an Wettbewerben teilnehmen, die länger als die üblichen 42,195 Marathon-Kilometer sind) eine radioaktive Substanz ins Blut. Die Substanz mit dem komplizierten Namen «Techneticum 99 m pyrophosphate» wird speziell von beschädigten Körperzellen aufgenommen, im Herz-Kreislauf-System, in der Muskulatur und in den Knochen.

Die radioaktiven Substanzen waren bei den Ultraläufern vor allem in der Muskulatur der unteren Extremitäten nachzuweisen. Und das Wichtigste: Die Läufer, die über die größten Muskelschmerzen nach dem Wettkampf klagten, wiesen auch die schwersten Muskelschäden auf. Die Schlussfolgerung (und ein absolutes Muss für Ihren Trainingsaufbau): Je größer die Muskelbeschwerden nach einer Trainingsbelastung oder einem Wettkampf sind, desto länger sollte die anschließende Ruhephase sein.

Am aufschlussreichsten sind aber die Ergebnisse des Amerikaners Warhol, die er 1985 im «American Journal of Pathology» veröffentlichte. Warhol untersuchte bei einer Gruppe von 40 Marathonläufern die Muskeln über einen Zeitraum von zwölf Wochen nach einer Marathon-Teilnahme. Die Muskeluntersuchungen, die er 48 Stunden nach dem Rennen vornahm, zeigten Schädigungen der Myofibrillen (Untereinheit der Muskelfasern), Mitochondrien (Kraftwerk der Zelle zur Umwandlung von Substraten in Energie) und des sarkoplasmatischen Retikulums auf (Kanälchensystem in den Muskelfasern, welches der Übertragung der nervösen Erregungen von der Zellmembran auf die Muskelfasern dient). Die Schädigungen waren individuell sehr unterschiedlich stark ausgeprägt, aber bei manchen Läufern betrafen sie bis zu 25 Prozent aller Muskelfasern. Erst ab dem siebten Tag nach der Extrembelastung zeigten die betroffenen Muskeln die ersten regenerativen Veränderungen. Einen Monat nach dem Ultramarathon gab es zwar kaum noch Hinweise auf Muskelzellschädigungen, aber eindeutige Anzeichen für die regenerative Normalisierung der Muskulatur, die sich sogar noch bis in die zehnte Woche nach der Höchstbelastung nachweisen ließen.

Die Liste derartiger Untersuchungen mit ähnlichen Ergebnissen ließe sich beliebig lang fortsetzen. Aber wir wollen Ihnen ja nicht den Spaß an Marathonläufen oder sonstigen Belastungen nehmen, sondern einfach nur eines tun: Sie darauf hinweisen, dass Erholungsphasen nicht nur gut tun, sondern für eine sinnvolle sportliche Leistungssteigerung unbedingt notwendig sind.

Wann regenerieren?

Es reicht nicht, nach einem Marathon ein oder zwei Tage auf Laufen zu verzichten. Erholungsphasen sollten ebenso regelmäßig in das Training eingebaut werden wie Belastungen, und das betrifft den Wochen-, Monats- und Jahresrhythmus.

1. Wochenrhythmus Im Allgemeinen halten sich die meisten Läufer, auch die mit höheren Wochenumfängen, an den Rat, möglichst einen Tag je Woche zu pausieren. Nehmen wir einmal an, Sie laufen täglich, außer samstags, etwa acht Kilometer, am Sonntag vielleicht etwas mehr oder einen Wettkampf. Sie könnten sich in diesem Fall einen zweiten Ruhetag gönnen, indem Sie an einem anderen Tag einfach das Laufpensum verdoppeln. Würden Sie beispielsweise am Donnerstag sechzehn Kilometer und am Freitag gar nicht laufen, hätten Sie sich Freitag / Samstag einen wunderbaren Erholungsblock geschaffen, ohne den Wochenumfang einschränken zu müssen. Die Chance ist groß, dass Ihr Körper es Ihnen mit weniger Beschwerden, höherer Belastungsfähigkeit und Leistungsfortschritten dankt.

2. Monatsrhythmus Auch während längerer zusammenhängender Trainingsabschnitte empfiehlt es sich, Erholungsphasen einzustreuen.

Leistungsphysiologische Tests belegen, dass sich insbesondere komplette Wochen mit verminderter Belastung günstig auf den Formaufbau auswirken. Im Ergebnis einer Studie zu diesem Thema wurde festgestellt, dass Läufer, die ihre Trainingsbelastung eine Woche lang um 60 bis 70 Prozent zurückgeschraubt hatten, ihre 5-km-Zeit im Durchschnitt um 29 Sekunden unterboten. Ebenso konnten verbesserte Laufökonomie und geringere Beinmuskelermüdung bei einem nachfolgenden 10-km-Wettkampf nachgewiesen werden. Die Studie gibt die Empfehlung, einen derartigen Erholungsblock alle sechs Wochen einzuplanen. Möglicherweise ließe sich der Effekt noch steigern, wenn man den Zyklus auf vier Wochen verkürzt. Wichtig ist aber, die Trainingsbelastung konsequent um mehr als die Hälfte zu reduzieren, und dies eine ganze Woche lang. Probieren Sie es einmal im Monatsrhythmus: 23 Tage lang allmähliche Steigerung und anschließend sieben beziehungsweise acht Tage deutliche Rücknahme der Belastung.

3. Jahresrhythmus Sportlerinnen und Sportler, die das gesamte Jahr hindurch regelmäßig trainieren, benötigen – selbst wenn sie die oben empfohlenen Erholungsblöcke einschieben – irgendwann eine Ruhephase, die deutlich länger als eine Woche ausfällt. Der Körper fordert diese Pause, um stark beanspruchte Muskeln und Bindegewebe vollständig zu regenerieren, zur Synthese aerober Enzyme sowie für andere biologische Prozesse, die einen längeren Zeitraum beanspruchen. Viele Eliteläufer berichten, dass ihnen ein Monat Faulenzen richtig gut bekommen sei, und vergessen dabei nicht, die willkommene mentale Abwechslung zu betonen. Vier Wochen abzuschalten und sich nicht mit den immer gleichen Gedanken an hartes Training und strapaziöse Rennen zu belasten ist für die Vorbereitung auf eine neue Wettkampfsaison ebenso wichtig wie die körperliche Erholung. Die kenianischen Topläufer halten es bereits seit langem so, dass sie im September so gut wie gar nicht trainieren, um ausgeruht in die nächste Saison zu gehen. Für die meisten von uns ist – oft nach einem Herbstmarathon – der November der geeignete Ruhemonat. Selbst wenn Sie dann vier Wochen lang überhaupt nicht laufen, brauchen Sie sich keine Gedanken über Ihre Fitness zu machen. Wenn Sie wieder mit dem regelmäßigen Training beginnen, werden Sie schon nach relativ kurzer Zeit zu alter Form auflaufen.

Wie regenerieren?

Bleibt nur die Frage: Wie kann ich am besten die Regeneration fördern? Wie wäre es damit, einfach nichts zu tun und die Füße hochzulegen? Dies kann, muss aber nicht sinnvoll sein. Außerdem gibt es noch jede Menge anderer Maßnahmen, die eine Regeneration wirkungsvoll unterstützen.

Einiges davon ist vor allem direkt nach einer harten Belastung sinnvoll, also zum Beispiel in den 48 Stunden nach dem Zieleinlauf beim Marathon, andere betreffen die effektive Gestaltung längerer Erholungsphasen im Monats- oder Jahresrhythmus.

Auslaufen

So bezeichnet man das langsame Laufen nach einer harten Trainingsbelastung (z. B. einem Intervalltraining) oder nach dem Zieleinlauf bei einem Wettkampf. Dabei werden die zuvor stark beanspruchten Muskeln ausschließlich im langsamsten Lauftempo über zirka zehn Minuten locker bewegt. Das Auslaufen bedingt eine verbesserte Durchblutung des Muskelgewebes und den schnelleren Abbau von Laktat (Milchsäure), einem Stoffwechselprodukt, welches sich bei harten Belastungen im Muskel ansammelt und die Ausführung von Bewegungen hemmt.

Wer nach dem Marathon nicht mehr in der Lage ist, einige Minuten auszulaufen (und das sind die meisten), sollte dies – bevor er in die folgende mehrtägige Ruhepause geht – unbedingt am Morgen des nächsten Tages nachholen. Wir wissen, wie schwer es fällt, sich gerade am Tag nach dem Marathon zum Laufen zu motivieren. Trotzdem: Ein kurzer Cool-down muss sein; ansonsten dauert der Abbau der bewegungshemmenden Stoffwechsel-Endprodukte, die sich beim Marathon in den Körperzellen angesammelt haben, viel länger als notwendig.

Stretching

Auch Dehnübungen fördern die Durchblutung überlasteter Muskelfasern und beugen außerdem Verkürzungen der Muskulatur vor. Unmittelbar nach einer Belastung verhindert vorsichtiges (!) Stretching Muskelverspannungen und -verhärtungen. Bitte unbedingt beachten: Gehen Sie beim Stretching nie über die Schmerzgrenze hinaus, halten Sie die Dehnung einige Sekunden und machen Sie keine wippenden Bewegungen, wie Sie es aus Volksschulzeiten vielleicht noch kennen.

Trinken

Nach einer schweren Belastung sind Ihre Wasser- und Elektrolytvorräte erschöpft. Es kann zehn bis zwanzig Stunden dauern, bis der Körper wieder völlig rehydriert ist. Am besten sind zur Rehydration Wasser, Fruchtsäfte oder Elektrolytgetränke geeignet. Koffeinhaltige Getränke wie Kaffee, Tee, Colagetränke und Alkohol sind wenig sinnvoll, sie gelten als so genannte Diuretika, das heißt, sie fördern eine vermehrte Wasserausscheidung.

Essen

Durch ein hartes Training, vor allem aber nach Wettkämpfen, sind Ihre Glykogenspeicher nahezu vollständig entleert. Das war vermutlich der Grund dafür, dass Sie auf den letzten Kilometern einfach nicht mehr so schnell laufen konnten, wie Sie wollten. Die Entleerung der Glykogenspeicher steigert aber auch die Aktivität der Glykogensynthetase, welches die Bereitschaft der Zellen, wieder Glykogen zu speichern, erhöht. Diese ist zwischen zwei bis vier Stunden nach der Belastung am höchsten und geht schließlich innerhalb der nächsten zwölf bis vierundzwanzig Stunden wieder zurück. Das bedeutet nichts anderes, als dass Sie Ihre Kohlenhydratspeicher am schnellsten und effektivsten zwei bis vier Stunden nach einer harten Belastung (wie einem Marathon) auffüllen können: am besten mit kohlenhydratreicher, aber leicht verdaulicher Nahrung, zum Beispiel Bananen.

Massage

Eine Massage kann nach harten körperlichen Belastungen Wunder wirken, meinen wenigstens die meisten Sportler. Untersuchungen, die dies wissenschaftlich belegen, gibt es erstaunlicherweise nur wenige. An der Universität Utrecht wurde allerdings eine Studie veröffentlicht, derzufolge die Kombination von Stretching und Massage die Muskelzellen davor bewahrt, «undicht» zu werden, und so die allgemeine Funktionstüchtigkeit der Muskulatur stärkt. Die verbesserte Muskeldurchblutung während der Massage ist auf jeden Fall nicht von der Hand zu weisen – also genau der Effekt, den auch Stretching und Auslaufen bewirken: der Abbau von Laktat und die Versorgung des Muskelgewebes mit Nährstoffen.

Steht im Zielbereich des Marathons kein Masseur zur Verfügung, sollten Sie es ruhig mit einer Selbstmassage versuchen. Dabei kneten und streichen Sie die Muskulatur mit langsamen, sanften Bewegungen an den Stellen, die schmerzen beziehungsweise besonders beansprucht wurden.

Entspannungsbäder

Entspannungsbäder bei 36 bis 40 Grad Celsius gehören zu antiken Formen der Regeneration. Sie scheinen die Durchblutung und Muskelentspannung nachhaltig zu verbessern.

Außerdem wirken sie nicht nur enorm entspannend für den Körper, sondern auch für die Psyche. Diverse Badezusätze können das Wohlbefinden noch steigern. Der absolute Entspannungshit nach einem Marathon ist das langsame Bewegen – sprich: Auslaufen – in einem Thermalbad (wie es zum Beispiel nach dem Johannesbad-Thermen-Marathon im Frühjahr in Bad Füssing angeboten wird).

Sauna

Für uns Mitteleuropäer ist die Sauna immer noch weitgehend ein Luxus für dunkle Winterabende, in ihrem Ursprungsland Finnland gehört sie dagegen zum Alltag wie Essen und Trinken. Der physiologisch zentrale Vorgang beim Saunieren ist der rapide Temperaturwechsel, bei dem der Körper unter der Hitzeeinwirkung in der Sauna versucht, die überschüssige Wärme durch eine deutliche Steigerung der Hautdurchblutung wieder loszuwerden. Und die Durchblutungssteigerung durch Erweiterung der Blutgefäße und gleichzeitige Steigerung der Herzarbeit bewirkt indirekt eine Belebung und Entschlackung der Muskulatur.

Direkt nach belastenden Trainingseinheiten oder Wettkämpfen sollte man kurze Saunagänge wählen und für baldigen Flüssigkeitsersatz sorgen. Die entspannende und regenerative Wirkung auf die erschöpfte Muskulatur ist eindeutig nachweisbar.

Alternativtraining

Laufpause muss nicht gleich Sportpause bedeuten. Alternative aerobe Bewegungsformen wie Wandern, Rudern, Radtouren, Skilaufen oder Schwimmen bieten sich an. Achten Sie jedoch stets darauf, dass die Intensität niedrig bleibt und die Gesamtübungsdauer nicht ein Drittel der Zeit übersteigt, die Sie gewöhnlich für das Lauftraining aufwenden – es soll sich schließlich um eine Ruheperiode handeln.

Wenn schließlich wieder die Zeit gekommen ist, mit dem Laufen zu beginnen, werden Sie sich – nach einer echten Ruhephase – frisch und voller Elan fühlen. Und denken Sie immer daran: Mit regelmäßigen Ruheperioden im Trainingsplan können wir uns das ganze Jahr so relaxt fühlen.

Eliteläufer (Marathonzeit: 2:30 – 3:00 Stunden)

I. WOCHE NACH DEM MARATHON

Mo	Di	Mi	Do	Fr	Sa	So
10-20 min langsamer DL, Stretching	Ruhe	30 min Schwimmen	Ruhe	60 min Rad fahren	Ruhe	40 min Schwimmen

2. WOCHE NACH DEM MARATHON

Mo	Di	Mi	Do	Fr	Sa	So
Ruhe	30 min langsamer DL, Stretching	Ruhe	30 min lockerer DL, Stretching	30 min Schwimmen	40 min lockerer DL, Stretching	60 min Rad fahren

Eliteläufer beginnen in der dritten Woche nach dem Marathon wieder mit dem regelmäßigen Lauftraining.

Ambitionierte Läufer (Marathonzeit: 3:00 – 3:30 Stunden)

I. WOCHE NACH DEM MARATHON

Mo	Di	Mi	Do	Fr	Sa	So
10 min langsamer DL, Stretching	Ruhe	Ruhe	Ruhe	Ruhe	30 min Schwimmen	Ruhe

2. WOCHE NACH DEM MARATHON

Mo	Di	Mi	Do	Fr	Sa	So
60 min Rad fahren	Ruhe	40 min Schwimmen	Ruhe	20-30 min langsamer DL	Ruhe	30 min lockerer DL

Ambitionierte Läufer wiederholen das regenerative Training von Woche 2 noch einmal in Woche 3 nach dem Marathon und beginnen erst in der vierten Woche wieder mit dem regelmäßigen Lauftraining.

Fitness- und Freizeitläufer (Marathon-Finisher)

1. WOCHE NACH DEM MARATHON						
Mo	**Di**	**Mi**	**Do**	**Fr**	**Sa**	**So**
10–20 min zügiges Spazierengehen	Ruhe	Ruhe	Ruhe	Ruhe	40 min Rad fahren	Ruhe

2. WOCHE NACH DEM MARATHON						
Mo	**Di**	**Mi**	**Do**	**Fr**	**Sa**	**So**
30 min Schwimmen	Ruhe	Ruhe	60 min Rad fahren	Ruhe	Ruhe	30 min Schwimmen

Freizeitläufer dehnen das regenerative Programm der zweiten Woche nach dem Marathon mindestens noch auf die beiden folgenden Wochen aus und beginnen mit einem Lauftraining erst, wenn sie wieder Lust dazu verspüren.

TEIL II | TRAININGSPLÄNE

Trainingspläne

Marathon laufen? Kann doch jeder!

Zweiundvierzigkommaeinsneunfünf Kilometer – eine magische Zahl, ein langes Wort und eine verdammt lange Distanz, erst recht, wenn man sie zu Fuß zu bewältigen hat.

Jeder und jede kann einen Marathon schaffen, selbst übergewichtige Raucher. Vertrauen Sie unseren Trainingsplänen – in Ihnen steckt viel Erfahrung!

Nur: Nicht jeder kann einen Marathon noch in diesem Jahr laufen. Laufanfänger schaffen dies sicher im nächsten Jahr, übergewichtige Raucher vielleicht erst in zwei Jahren. Der Weg ist das Ziel, und das Gesündeste am Marathon ist das Training für den Marathon. Voraussetzung ist ein diszipliniertes mehrmonatiges Basistraining und eine intensive mehrwöchige direkte Marathonvorbereitung. Diese Vorbereitungsphase sollte überlegt angegangen werden, bereitet sie doch auf das vor, was uns am Tag X erwartet: eine Strecke von 42,195 Kilometer Länge, die laufend oder in der Kombination Laufen/ Gehen möglichst problemlos zurückzulegen ist.

Je weniger systematisch das Marathontraining gestaltet wird, desto größer ist natürlich das Risiko, dass 42 Kilometer nicht nur eine lange, sondern vielleicht eine zu lange Distanz sind. Wer also nur drei- bis viermal pro Woche Zeit zum Laufen findet, der wird sicherlich nicht so gut vorbereitet sein wie jemand, der fast täglich läuft. Doch für manchen kollidiert ein häufigeres Training mit unabweisbaren beruflichen oder familiären Verpflichtungen. Manchmal ist aber auch ein Mehr an Training körperlich noch gar nicht zu verkraften. Denn wer vor der direkten Marathonvorbereitung wöchentlich nur zweimal gelaufen ist, sollte natürlich nicht von heute auf morgen sechsmal auf die Laufstrecke gehen, auch wenn er dazu Lust und Zeit hat. Ein Marathontraining ist zeitaufwendiger und körperlich beanspruchender als ein «normales» Training. Es geht schließlich darum, Kondition und Kraft aufzubauen –

und nicht so hart zu trainieren, dass Sie Kraft verpulvern und schon in der Vorbereitung ständig am Limit sind. Diesen Schuss zusätzliche Energie sollten Sie sich lieber für die zweite Streckenhälfte beim Marathon aufheben. Sie werden ihn brauchen.

Wer sich an unsere Trainingspläne hält, den sehen wir sicher irgendwann wieder: beim Berlin-, New York-, London- oder Gott-weiß-wo-Marathon. Aber nicht nur nervös trippelnd an der Startlinie, sondern auch freudestrahlend im Ziel. Garantiert!

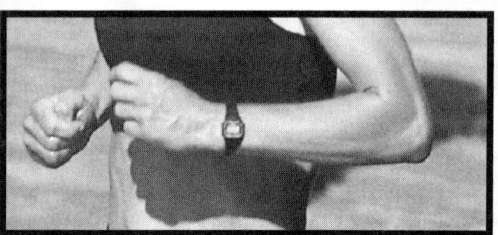

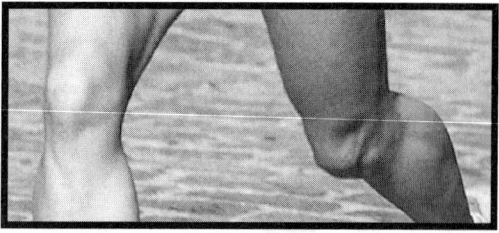

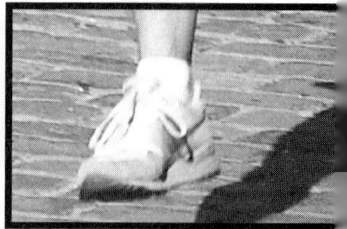

18 | MARATHONTRAININGS-PLÄNE FÜR VERSCHIEDENE LEISTUNGSKLASSEN

DAS RICHTIGE TEMPO

Erläuterungen zu den Begriffen und Abkürzungen der Trainingspläne:

DL	Dauerlauf
TP	Trabpause (Pause zwischen Belastungen)
Langsamer DL	Puls etwa 70–75 Prozent der maximalen Herzfrequenz
Ruhiger DL	Puls etwa 75–80 Prozent der maximalen Herzfrequenz
Lockerer DL	Puls etwa 80 Prozent der maximalen Herzfrequenz
Zügiger DL	Puls etwa 80–85 Prozent der maximalen Herzfrequenz
Fahrtspiel	Wechselndes Tempo über verschieden lange Teilstücke. Der Läufer bestimmt Tempo und Länge der Belastungen selbst
Renntempo	Tempo, das Sie bei einem Wettkampf unter Normalbedingungen laufen können
Steigerungen	Lauf über eine Strecke von 80 bis 100 Meter, bei dem das Tempo kontinuierlich vom Trab bis zum Sprint gesteigert wird
TL	Tempoläufe (immer mit jeweils 10 min Einlaufen und Auslaufen!)

Martin Grünings Trainingsplan zur persönlichen Bestzeit (2:13:30 h)

1. WOCHE

MO	16 km ruhiger DL, Krafttraining
DI	m*:10 km ruhiger DL; a**: 5 km Einlaufen, 15 × 1 min schnell, 5 km Auslaufen
MI	m: 10 km ruhiger DL; a: 15 km lockerer DL
DO	19 km zügiger DL, Krafttraining
FR	m: 10 km ruhiger DL; a: 6 km Einlaufen, 3 × 8 min schnell, 6 km Auslaufen
SA	m: 12 km langsamer DL; a: 10 km langsamer DL
SO	30 km langsamer DL (die letzten 3 km zügig)

WOCHEN-
UMFANG: 172 km

2. WOCHE

MO	12 km ruhiger DL, Krafttraining
DI	m: 8 km lockerer DL; a: 12 km zügiger DL
MI	3 km Einlaufen, 14 km Fahrtspiel (wechselndes Tempo nach Gefühl im profilierten Gelände), 3 km Auslaufen
DO	30 km langsamer DL
FR	m: 6 km langsamer DL; a: 11 km ruhiger DL
SA	m: 10 km ruhiger DL; a: 6 km lockerer DL, anschließend 5 Steigerungen
SO	10-Meilen (je 16,09 km)-Wettkampf (49:06 min) mit jeweils 3 km Ein- und Auslaufen

WOCHEN-
UMFANG: 139 km

m*: morgens
a**: abends

MO	16 km lockerer DL
DI	m: 10 km ruhiger DL; a: 15 km langsamer DL, Krafttraining
MI	m: 10 km ruhiger DL; a: 16 km lockerer DL
DO	24 km lockerer DL
FR	m: 9 km langsamer DL; a: 17 km lockerer DL
SA	m: 5 km Einlaufen, 2 × 5 km mit 6 min Trabpause (15:43 min, 15:17 min), 5 km Auslaufen
SO	32 km langsamer DL
WOCHEN-UMFANG:	180 km

MO	17 km lockerer DL, Krafttraining
DI	m: 19 km zügiger DL; a: 10 km lockerer DL
MI	m: 5 km Einlaufen, 5 × 2 km (alle in 6:00 min) mit 400 m Trabpause, 4 km Auslaufen; a: 10 km langsamer DL
DO	m: 10 km ruhiger DL; a: 19 km lockerer DL
FR	30 km langsamer DL
SA	5 km Einlaufen, 12 min, 10 min, 8 min, 6 min, 8 min schnell mit jeweils 3 min Trabpause, 2 km Auslaufen
SO	17 km ruhiger DL
WOCHEN-UMFANG:	176 km

MO	15 km lockerer DL
DI	15 km lockerer DL, 5 Steigerungen
MI	25-km-Wettkampf (1:17:00 Stunden), mit jeweils 3 km Ein- und Auslaufen
DO	m: 10 km ruhiger DL; a: 10 km langsamer DL
FR	Ruhetag
SA	20 km lockerer DL
SO	m: 19 km ruhiger DL; a: 10 km langsamer DL
WOCHEN-UMFANG:	129 km

6. WOCHE

MO	16 km lockerer DL, Krafttraining
DI	m: 10 km ruhiger DL; a: 5 km Einlaufen, 1 min, 3 min, 6 min, 9 min, 7 min, 4 min, 1 min schnell mit 1 – 3 min Trabpause, 4 km Auslaufen
MI	30 km langsamer DL
DO	m: 10 km ruhiger DL; a: 19 km lockerer DL
FR	6 km Einlaufen, 10 x 1 km (alle in 2:57 min) mit 2 min Trabpause, 3 km Auslaufen
SA	m: 10 km ruhiger DL; a: 17 km lockerer DL
SO	38 km langsamer DL

WOCHEN-UMFANG: 193 km

7. WOCHE

MO	16 km zügiger DL
DI	m: 19 km lockerer DL; a: 11 km ruhiger DL
MI	5 km Einlaufen, 1 min, 3 min, 6 min, 9 min, 7 min, 4 min, 2 min schnell mit 1 – 3 min Trabpause, 4 km Auslaufen
DO	30 km langsamer DL
FR	m: 15 km ruhiger DL; a: 14 km lockerer DL
SA	m: 20 km lockerer DL; a: 11 km zügiger DL
SO	m: 4 km Einlaufen, 10 km (31:00 min) Tempodauerlauf, 4 km Auslaufen a: 10 km langsamer DL

WOCHEN-UMFANG: 186 km

8. WOCHE

MO	34 km langsamer DL
DI	m: 10 km ruhiger DL; a: 10 km zügiger DL
MI	5 km Einlaufen, 10 x 1 min schnell mit 1 min Trabpause, 5 km Auslaufen, Krafttraining
DO	15 km lockerer DL
FR	17 km lockerer DL
SA	13 km lockerer DL, anschließend 10 Steigerungen
SO	8-km-Wettkampf (22:50 min) mit 4 km Ein- und Auslaufen

WOCHEN-UMFANG: 129 km

MO	16 km ruhiger DL
DI	30 km langsamer DL
MI	m: 10 km ruhiger DL; a: 19 km lockerer DL
DO	m: 13 km lockerer DL; a: 17 km zügiger DL
FR	m: 5 km Einlaufen, 12 min, 10 min, 8 min, 6 min, 8 min schnell mit 2–4 min Trabpause, 4 km Auslaufen; a: 8 km lockerer DL
SA	m: 10 km lockerer DL; a: 10 km lockerer DL
SO	40 km (2:40 Stunden) lockerer DL
WOCHEN-UMFANG:	197 km

MO	m: 22 km ruhiger DL; a: 10 km ruhiger DL
DI	m: 21 km lockerer DL; a: 10 km lockerer DL
MI	m: 10 km lockerer DL; a: 5 km Einlaufen, 11 km Fahrtspiel (wechselndes Tempo nach Gefühl), 5 km Auslaufen
DO	30 km langsamer DL
FR	10 km ruhiger DL
SA	14 km lockerer DL, anschließend 10 Steigerungen
SO	10-km-Wettkampf (29:12 Minuten) mit 5 km Ein- und 7 km Auslaufen
WOCHEN-UMFANG:	170 km

MO	Ruhetag
DI	34 km langsamer DL
MI	16 km zügiger DL
DO	17 km lockerer DL
FR	18 km «crescendo» (von 3:45 min/km-Tempo auf 3:00 min/km-Tempo gesteigert)
SA	10 km lockerer DL
SO	15 km lockerer DL
WOCHEN-UMFANG:	110 km

12. WOCHE

MO	12 km lockerer DL
DI	2 km Einlaufen, 2 × 5 km (15:19 min, 15:37 min) mit 10 min Trabpause, 2 km Auslaufen
MI	9 km langsamer DL
DO	9 km langsamer DL
FR	7 km langsamer DL
SA	7 km langsamer DL, anschließend 5 Steigerungen
SO	Marathon in 2:13:30 Stunden

WOCHEN-
UMFANG: 102 km

Marathon in 2:29:59 h

1. WOCHE

MO	60 min ruhiger DL
DI	Tempoläufe im 10-km-Renntempo: 3 km Einlaufen, 10 × 1 km (Trabpause 2:30 min), 3 km Auslaufen
MI	75 min langsamer DL
DO	65 min lockerer DL, leichtes Krafttraining
FR	3 km Einlaufen, 2 × 5 km im Marathon-Renntempo (5 min Trabpause), 3 km Auslaufen
SA	60 min ruhiger DL, anschließend 5 Steigerungen
SO	28 km langsamer DL

WOCHEN-
UMFANG: ca. 140 km

2. WOCHE

MO	60 min ruhiger DL
DI	Tempoläufe im 10-km-Renntempo: 3 km Einlaufen, 5 × 2 km (Trabpause 3:00 Minuten), 3 km Auslaufen
MI	75 min langsamer DL
DO	65 min ruhiger DL, leichtes Krafttraining
FR	3 km Einlaufen, 8 km im Marathon-Renntempo, 3 km Auslaufen
SA	60 min lockerer DL
SO	28 km langsamer DL, anschließend 5 Steigerungen

WOCHEN-
UMFANG: ca. 140 km

3. WOCHE	**MO**	60 min ruhiger DL, leichtes Krafttraining
	DI	75 min lockerer DL
	MI	Tempoläufe im 10-km-Renntempo: 3 km Einlaufen, 15 × 400 m (Trabpause 200 m), 3 km Auslaufen
	DO	22–25 km langsamer DL, anschließend 5 Steigerungen
	FR	65 min lockerer DL
	SA	65 min lockerer DL, anschließend 5 Steigerungen
	SO	10-km-Wettkampf (oder harter Testlauf über dieselbe Distanz) mit Ein- und Auslaufen
	WOCHEN-UMFANG:	ca. 130 km

4. WOCHE	**MO**	60 min langsamer DL
	DI	75 min lockerer DL
	MI	Tempoläufe im 10-km-Renntempo: 3 km Einlaufen, 1 km, 2 km, 3 km, 2 km, 1 km (mit 2:30 min, 3:00 min, 4:00 min, 3:00 min Trabpause), 3 km Auslaufen
	DO	65 min langsamer DL, leichtes Krafttraining
	FR	3 km Einlaufen, 10 km im Marathon-Renntempo, 3 km Auslaufen
	SA	65 min ruhiger DL
	SO	30 km langsamer DL
	WOCHEN-UMFANG:	140 km

5. WOCHE	**MO**	60 min ruhiger DL
	DI	Tempoläufe im 10-km-Renntempo: 3 km Einlaufen, 3 × 3 km (Trabpause 4 min), 3 km Auslaufen
	MI	65 min langsamer DL
	DO	60 min lockerer DL
	FR	3 km Einlaufen, 2 × 6 km im Marathon-Renntempo (5 min Trabpause), 3 km Auslaufen
	SA	65 min ruhiger DL, leichtes Krafttraining
	SO	32 km langsamer DL
	WOCHEN-UMFANG:	150 km

6. WOCHE

MO	65 min ruhiger DL
DI	60 min ruhiger DL
MI	Tempoläufe im 10-km-Renntempo: 3 km Einlaufen, 10 × 1 km (Trabpause 3 min), 3 km Auslaufen
DO	70 min langsamer DL, leichtes Krafttraining
FR	3 km Einlaufen, 10 km im Marathon-Renntempo, 3 km Auslaufen
SA	50 min langsamer DL, anschließend 5 Steigerungen
SO	30 km langsamer DL (die letzten 3 Kilometer im Marathon-Renntempo)

WOCHEN-
UMFANG: ca. 140 km

7. WOCHE

MO	60 min ruhiger DL
DI	Tempoläufe im 10-km-Renntempo: 3 km Einlaufen, 5 × 2 km (Trabpause 3 min), 3 km Auslaufen
MI	75 min lockerer DL
DO	65 min lockerer DL, leichtes Krafttraining
FR	2 km Einlaufen, 2 × 7 km im Marathon-Renntempo (10 min Trabpause), 2 km Auslaufen
SA	60 min ruhiger DL
SO	30 km langsamer DL, anschließend 5 Steigerungen

WOCHEN-
UMFANG: ca. 150 km

8. WOCHE

MO	60 min ruhiger DL
DI	Tempoläufe im Halbmarathon-Renntempo: 3 km Einlaufen, 4 × 3 km (Trabpause 4 min), 3 km Auslaufen
MI	65 min ruhiger DL, 30 min Schwimmen
DO	45 min ruhiger DL
FR	3 km Einlaufen, 12 km im Marathon-Renntempo, 3 km Auslaufen
SA	50 min langsamer DL
SO	35 km langsamer DL

WOCHEN-
UMFANG: ca. 140 km

9. WOCHE	**MO**	65 min ruhiger DL, 30 min Schwimmen
	DI	65 min ruhiger DL
	MI	Tempoläufe im Halbmarathon-Renntempo: 3 km Einlaufen, 3 × 4 km (Trabpause 3 min), 3 km Auslaufen
	DO	45 min lockerer DL
	FR	3 km Einlaufen, 12 km im Marathon-Renntempo, 3 km Auslaufen
	SA	60 min ruhiger DL
	SO	35 km langsamer DL
	WOCHEN-UMFANG:	ca. 130 km

10. WOCHE	**MO**	65 min ruhiger DL
	DI	Tempoläufe im 10-km-Renntempo: 3 km Einlaufen, 15 × 400 m (Trabpause 1:30 min), 3 km Auslaufen
	MI	25 km langsam (sehr langsam!)
	DO	55 min lockerer DL
	FR	75 min lockerer DL
	SA	50 min lockerer DL, anschließend 5 Steigerungen
	SO	10-km-Wettkampf mit Ein- und Auslaufen (Erwarten Sie keine Bestzeit! Das Marathontraining steckt Ihnen in den Beinen, und die zurückliegende Woche war auch nicht «ohne».)
	WOCHEN-UMFANG:	ca. 130 km

11. WOCHE	**MO**	45 min ruhiger DL, 30 min Schwimmen
	DI	45 min lockerer DL
	MI	Tempoläufe im 10-km-Renntempo: 3 km Einlaufen, 1 km, 2 km, 3 km, 2 km, 1 km (Trabpause 3 min, 3 min, 5 min, 3 min), 3 km Auslaufen
	DO	Ruhetag
	FR	22 km langsamer DL
	SA	45 min langsamer DL
	SO	40 min lockerer DL
	WOCHEN-UMFANG:	ca. 90 km

12. WOCHE

MO	35 min lockerer DL
DI	2 km Einlaufen, 2 × 4 km im Marathon-Renntempo (10 min Trabpause), 2 km Auslaufen
MI	Ruhetag
DO	30 min langsamer DL, 5 Steigerungen
FR	Ruhetag
SA	20 min langsamer DL, 5 Steigerungen
SO	Tag X

Marathon in 2:44:59 h

1. WOCHE

MO	65 min ruhiger DL
DI	Tempoläufe im 10-km-Renntempo: 3 km Einlaufen, 8 × 1 km (Trabpause 3 min), 3 km Auslaufen
MI	65 min langsamer DL
DO	70 min ruhiger DL, leichtes Krafttraining
FR	Minutenläufe im Wald (etwa Halbmarathon-Renntempo): 2 km Einlaufen, 10 min, 8 min, 6 min, 4 min, 6 min Belastung (mit 5 min, 4 min, 3 min, 2 min Trabpause), 3 km Auslaufen
SA	50 min langsamer DL, anschließend 6 Steigerungen
SO	28 km langsamer DL
WOCHEN-UMFANG:	ca. 120 km

MO	65 min ruhiger DL
DI	Tempoläufe im 10-km-Renntempo: 3 km Einlaufen, 1 km, 2 km, 1 km, 2 km, 1 km (Trabpause abwechselnd 3 min / 5 min), 3 km Auslaufen
MI	70 min langsamer DL
DO	65 min ruhiger DL, leichtes Krafttraining
FR	Minutenläufe im Wald (etwa Halbmarathon-Renntempo): 2 km Einlaufen, 3 min, 6 min, 9 min, 6 min, 3 min Belastung (mit 2 min, 3 min, 4 min, 2 min Trabpause), 3 km Auslaufen
SA	50 min ruhiger DL
SO	28 km langsamer DL
WOCHEN-UMFANG:	ca. 120 km

MO	65 min ruhiger DL
DI	70 min ruhiger DL
MI	Tempoläufe im 10-km-Renntempo: 3 km Einlaufen, 12 × 400 m (Trabpause 1 min), 3 km Auslaufen
DO	55 min ruhiger DL
FR	45 min ruhiger DL, leichtes Krafttraining
SA	50 min ruhiger DL, anschließend 5 Steigerungen
SO	10-km-Wettkampf mit 5 km Einlaufen und 8 (!) km Auslaufen
WOCHEN-UMFANG:	ca. 120 km

MO	60 min ruhiger DL
DI	70 min ruhiger DL
MI	Tempoläufe im 10-km-Renntempo: 3 km Einlaufen, 4 × 2 km (Trabpause 3 min), 3 km Auslaufen
DO	70 min ruhiger DL
FR	55 min zügiger DL, leichtes Krafttraining
SA	55 min ruhiger DL, anschließend 6 Steigerungen
SO	32 km langsamer DL
WOCHEN-UMFANG:	ca. 125 km

5. WOCHE

MO	65 min ruhiger DL
DI	Tempoläufe im 10-km-Renntempo: 3 km Einlaufen, 8 × 1 km (Trabpause 3 min), 3 km Auslaufen
MI	60 min ruhiger DL
DO	70 min langsamer DL, leichtes Krafttraining
FR	3 km Einlaufen, 10 km im Marathon-Renntempo, 3 km Auslaufen
SA	50 min langsamer DL, anschließend 5 Steigerungen
SO	30 km langsamer DL (die letzten 3 Kilometer im Marathon-Renntempo)

WOCHEN-UMFANG: ca. 130 km

6. WOCHE

MO	65 min ruhiger DL
DI	Tempoläufe im 10-km-Renntempo: 3 km Einlaufen, 4 × 2 km (Trabpause 3 min), 3 km Auslaufen
MI	75 min lockerer DL
DO	65 min lockerer DL, leichtes Krafttraining
FR	2 km Einlaufen, 2 × 7 km im Marathon-Renntempo (10 min Trabpause), 2 km Auslaufen
SA	55 min ruhiger DL
SO	32 km langsamer DL, anschließend 5 Steigerungen

WOCHEN-UMFANG: ca. 130 km

7. WOCHE

MO	60 min ruhiger DL
DI	Tempoläufe im Halbmarathon-Renntempo: 3 km Einlaufen, 3 × 3 km (Trabpause 4 min), 3 km Auslaufen
MI	70 min ruhiger DL
DO	50 min ruhiger DL, leichtes Krafttraining
FR	3 km Einlaufen, 12 km im Marathon-Renntempo, 3 km Auslaufen
SA	50 min langsamer DL
SO	32 km langsamer DL

WOCHEN-UMFANG: ca. 130 km

8. WOCHE	**MO**	70 min ruhiger DL
	DI	70 min ruhiger DL
	MI	Tempoläufe im 10-km-Renntempo: 3 km Einlaufen, 10 × 1 km (Trabpause 3 min), 3 km Auslaufen
	DO	45 min lockerer DL, leichtes Krafttraining
	FR	3 km Einlaufen, 12 km im Marathon-Renntempo, 3 km Auslaufen
	SA	65 min ruhiger DL
	SO	35 km langsamer DL
	WOCHEN-	
	UMFANG:	ca. 130 km

9. WOCHE	**MO**	70 min ruhiger DL
	DI	Tempoläufe im 10-km-Renntempo: 3 km Einlaufen, 15 × 400 m (Trabpause 1:30 min), 3 km Auslaufen
	MI	25 km langsam (sehr langsam!)
	DO	60 min ruhiger DL
	FR	80 min lockerer DL
	SA	55 min lockerer DL, anschließend 5 Steigerungen
	SO	10-km-Wettkampf mit Ein- und Auslaufen (Achtung: Bitte erwarten Sie keine Bestzeit! Das Training der letzten Wochen steckt Ihnen in den Beinen.)
	WOCHEN-	
	UMFANG:	ca. 125 km

10. WOCHE	**MO**	45 min ruhiger DL
	DI	45 min lockerer DL
	MI	Tempoläufe im 10-km-Renntempo: 3 km Einlaufen, 1 km, 2 km, 3 km, 2 km, 1 km (Trabpause 3 min, 3 min, 5 min, 3 min), 3 km Auslaufen
	DO	Ruhetag
	FR	22 km langsamer DL
	SA	45 min langsamer DL
	SO	45 min lockerer DL
	WOCHEN-	
	UMFANG:	ca. 80 km

11. WOCHE	**MO**	40 min lockerer DL
	DI	2 km Einlaufen, 1 × 6 km im Marathon-Renntempo (10 min Trabpause), 2 km Auslaufen
	MI	Ruhetag
	DO	30 min langsamer DL, anschließend 5 Steigerungen
	FR	Ruhetag
	SA	20 min langsamer DL, anschließend 5 Steigerungen
	SO	Tag X

Marathon in 2:59:59 h

1. WOCHE	**MO**	40 min ruhiger DL
	DI	50 min lockerer DL, 30 min Schwimmen
	MI	40 min ruhiger DL, anschließend 5 Steigerungen
	DO	Tempoläufe im 10-km-Renntempo: 3 km Einlaufen, 1 × 3 km (6 min Trabpause), 4 × 1 km (3 min Trabpause), 3 km Auslaufen
	FR	40 min ruhiger DL
	SA	Ruhetag
	SO	25 km langsamer DL (vorsichtig beginnen!)

WOCHEN-UMFANG: ca. 80 km

2. WOCHE	**MO**	40 min ruhiger DL, 30 min Schwimmen
	DI	50 min ruhiger DL
	MI	Tempoläufe im 10-km-Renntempo: 3 km Einlaufen, 10 × 800 m in jeweils 3:00 min (Trabpause 2:30 min), 3 km Auslaufen
	DO	50 min ruhiger DL
	FR	Ruhetag
	SA	40 min lockerer DL, anschließend 5 Steigerungen
	SO	10-km-Wettkampf (oder harter Testlauf über dieselbe Distanz) mit Ein- und Auslaufen

WOCHEN-UMFANG: ca. 70 km

3. WOCHE	**MO**	40 min ruhiger DL, 30 min Schwimmen
	DI	40 min ruhiger DL
	MI	70 min lockerer DL
	DO	Ruhetag
	FR	2 km Einlaufen, 10 km Fahrtspiel (wechselndes Tempo nach Gefühl), 3 km Auslaufen
	SA	50 min ruhiger DL
	SO	28 km langsamer DL
	WOCHEN-UMFANG:	ca. 85 km

4. WOCHE	**MO**	40 min ruhiger DL
	DI	Tempoläufe im Halbmarathon-Renntempo: 2 km Einlaufen, 4 × 3 km (Trabpause 5 min), 2 km Auslaufen
	MI	Ruhetag
	DO	40 min lockerer DL, 30 min Schwimmen
	FR	3 km Einlaufen, 8 km im geplanten Marathon-Renntempo, 4 km Auslaufen
	SA	50 min ruhiger DL
	SO	30–33 km langsamer DL (sehr vorsichtig beginnen!)
	WOCHEN-UMFANG:	ca. 95 km

5. WOCHE	**MO**	50 min ruhiger DL
	DI	Tempoläufe im 10-km-Renntempo: 3 km Einlaufen, 15 × 400 m (Trabpause 200 m), 3 km Auslaufen
	MI	50 min ruhiger DL, 30 min Schwimmen
	DO	Ruhetag
	FR	3 km Einlaufen, 10 km im geplanten Marathon-Renntempo, 3 km Auslaufen
	SA	60 min ruhiger DL
	SO	30 km langsamer DL, anschließend 5 Steigerungen
	WOCHEN-UMFANG:	ca. 95 km

6. WOCHE

MO	40 min ruhiger DL, 30 min Schwimmen
DI	50 min ruhiger DL
MI	Tempoläufe im 10-km-Renntempo: 3 km Einlaufen, 5 × 1 km (Trabpause 3 min), 3 km Auslaufen
DO	40 min langsamer DL
FR	Ruhetag
SA	30 min langsamer DL, anschließend 5 Steigerungen
SO	Halbmarathon-Wettkampf (oder Testlauf über dieselbe Distanz) mit Ein- und Auslaufen

WOCHEN-UMFANG: ca. 70 km

7. WOCHE

MO	40 min ruhiger DL, 30 min Schwimmen
DI	50 min ruhiger DL
MI	Ruhetag
DO	75 min lockerer DL
FR	3 km Einlaufen, 12 km Fahrtspiel (wechselndes Tempo nach Gefühl), 3 km Auslaufen
SA	50 min ruhiger DL
SO	30 km langsamer DL

WOCHEN-UMFANG: ca. 90 km

8. WOCHE

MO	40 min ruhiger DL
DI	Tempoläufe im 10-km-Renntempo: 3 km Einlaufen, 8 × 1 km (Trabpause 2:30 min), 3 km Auslaufen
MI	40 min ruhiger DL, 30 min Schwimmen
DO	Ruhetag
FR	3 km Einlaufen, 10 km im Marathon-Renntempo, 3 km Auslaufen
SA	50 min langsamer DL
SO	35 km langsamer DL

WOCHEN-UMFANG: ca. 100 km

9. WOCHE	**MO**	50 min ruhiger DL
	DI	75 min ruhiger DL
	MI	Tempoläufe im 10-km-Renntempo: 3 km Einlaufen, 5 × 2 km (Trabpause 3 min), 3 km Auslaufen
	DO	50 min lockerer DL
	FR	3 km Einlaufen, 12 km im Marathon-Renntempo, 3 km Auslaufen
	SA	Ruhetag
	SO	35 km langsamer DL (Vorsicht: Sehr langsam beginnen! Nur zwei Tage nach dem Tempodauerlauf vom Freitag – und mit zwei anstrengenden Trainingswochen in den Beinen – fällt der lange Lauf nicht leicht.)

WOCHEN-UMFANG: ca. 100 km

10. WOCHE	**MO**	50 min ruhiger DL
	DI	Tempoläufe im 10-km-Renntempo: 3 km Einlaufen, 12 × 400 m (Trabpause 1:30 min), 3 km Auslaufen
	MI	20–25 km langsam (sehr langsam!)
	DO	Ruhetag
	FR	60 min lockerer DL
	SA	60 min lockerer DL, anschließend 5 Steigerungen
	SO	10-km-Wettkampf mit Ein- und Auslaufen (Ein lockeres Herunterschnurren der Trainingskilometer, von Bestzeiten ganz zu schweigen, sollte bei dieser Belastung niemand erwarten.)

WOCHEN-UMFANG: ca. 100 km

11. WOCHE

MO	40 min ruhiger DL
DI	40 min lockerer DL
MI	Tempoläufe im 10-km-Renntempo: 3 km Einlaufen, 1 km, 2 km, 3 km, 2 km, 1 km (Trabpause 3 min, 3 min, 5 min, 3 min), 3 km Auslaufen
DO	Ruhetag
FR	25 km langsamer DL
SA	40 min langsamer DL
SO	40 min lockerer DL

WOCHEN-
UMFANG: ca. 85 km

12. WOCHE

MO	40 min lockerer DL
DI	2 km Einlaufen, 5 km im Marathon-Renntempo, 2 km Auslaufen
MI	Ruhetag
DO	30 min langsamer DL, anschließend 5 Steigerungen
FR	Ruhetag
SA	20 min langsamer DL, anschließend 5 Steigerungen
SO	Tag X

Marathon in 3:14:59 h

1. WOCHE

MO	40 min ruhiger DL
DI	30 min Schwimmen
MI	40 min ruhiger DL, anschließend 5 Steigerungen
DO	Tempoläufe im 10-km-Renntempo: 3 km Einlaufen, 6 × 1 km (3 min Trabpause), 3 km Auslaufen
FR	40 min ruhiger DL
SA	Ruhetag
SO	25 km langsamer DL (vorsichtig beginnen!)

WOCHEN-
UMFANG: ca. 70 km

<table>
<tbody>
<tr><td rowspan="9">**2. WOCHE**</td><td>**MO**</td><td>40 min ruhiger DL</td></tr>
<tr><td>**DI**</td><td>Ruhetag</td></tr>
<tr><td>**MI**</td><td>Tempoläufe im 10-km-Renntempo: 3 km Einlaufen, 8 × 800 m in jeweils 3:15 min (Trabpause 3 min), 3 km Auslaufen</td></tr>
<tr><td>**DO**</td><td>50 min ruhiger DL</td></tr>
<tr><td>**FR**</td><td>30 min Schwimmen</td></tr>
<tr><td>**SA**</td><td>40 min lockerer DL, anschließend 3 Steigerungen</td></tr>
<tr><td>**SO**</td><td>25 km langsamer DL, anschließend 3 Steigerungen</td></tr>
<tr><td>**WOCHEN-**</td><td></td></tr>
<tr><td>**UMFANG:**</td><td>ca. 60 km</td></tr>
</tbody>
</table>

<table>
<tbody>
<tr><td rowspan="9">**3. WOCHE**</td><td>**MO**</td><td>40 min ruhiger DL</td></tr>
<tr><td>**DI**</td><td>30 min Schwimmen</td></tr>
<tr><td>**MI**</td><td>70 min lockerer DL</td></tr>
<tr><td>**DO**</td><td>Ruhetag</td></tr>
<tr><td>**FR**</td><td>2 km Einlaufen, 10 km Fahrtspiel (wechselndes Tempo nach Gefühl), 3 km Auslaufen</td></tr>
<tr><td>**SA**</td><td>50 min ruhiger DL</td></tr>
<tr><td>**SO**</td><td>28 km langsamer DL</td></tr>
<tr><td>**WOCHEN-**</td><td></td></tr>
<tr><td>**UMFANG:**</td><td>ca. 75 km</td></tr>
</tbody>
</table>

<table>
<tbody>
<tr><td rowspan="9">**4. WOCHE**</td><td>**MO**</td><td>40 min ruhiger DL</td></tr>
<tr><td>**DI**</td><td>Tempoläufe im Halbmarathon-Renntempo: 2 km Einlaufen, 3 × 3 km (Trabpause 5 min), 2 km Auslaufen</td></tr>
<tr><td>**MI**</td><td>Ruhetag</td></tr>
<tr><td>**DO**</td><td>40 min lockerer DL</td></tr>
<tr><td>**FR**</td><td>3 km Einlaufen, 8 km im geplanten Marathon-Renntempo, 4 km Auslaufen</td></tr>
<tr><td>**SA**</td><td>30 min ruhiger DL</td></tr>
<tr><td>**SO**</td><td>30 km langsamer DL (sehr vorsichtig beginnen!)</td></tr>
<tr><td>**WOCHEN-**</td><td></td></tr>
<tr><td>**UMFANG:**</td><td>ca. 85 km</td></tr>
</tbody>
</table>

5. WOCHE

MO	50 min ruhiger DL
DI	Tempoläufe im 10-km-Renntempo: 3 km Einlaufen, 10 × 400 m (Trabpause 200 m), 3 km Auslaufen
MI	50 min ruhiger DL
DO	Ruhetag
FR	3 km Einlaufen, 8 km im geplanten Marathon-Renntempo, 3 km Auslaufen
SA	40 min ruhiger DL
SO	30 km langsamer DL, anschließend 5 Steigerungen

WOCHEN-
UMFANG: ca. 85 km

6. WOCHE

MO	40 min ruhiger DL
DI	30 min Schwimmen
MI	Tempoläufe im 10-km-Renntempo: 3 km Einlaufen, 4 × 1 km (Trabpause 3 min), 3 km Auslaufen
DO	40 min langsamer DL
FR	Ruhetag
SA	20 min langsamer DL, anschließend 5 Steigerungen
SO	Halbmarathon-Wettkampf (oder Testlauf über dieselbe Distanz) mit Ein- und Auslaufen

WOCHEN-
UMFANG: ca. 60 km

7. WOCHE

MO	40 min ruhiger DL
DI	50 min ruhiger DL
MI	Ruhetag
DO	75 min lockerer DL
FR	3 km Einlaufen, 10 km Fahrtspiel (wechselndes Tempo nach Gefühl), 3 km Auslaufen
SA	30 min ruhiger DL
SO	30 km langsamer DL

WOCHEN-
UMFANG: ca. 80 km

8. WOCHE	**MO**	40 min ruhiger DL
	DI	Tempoläufe im 10-km-Renntempo: 3 km Einlaufen, 10 × 800 m in 3:15 min (Trabpause 3 min), 3 km Auslaufen
	MI	40 min ruhiger DL
	DO	Ruhetag
	FR	3 km Einlaufen, 10 km im Marathon-Renntempo, 3 km Auslaufen
	SA	40 min langsamer DL
	SO	32 km langsamer DL
	WOCHEN-UMFANG:	ca. 90 km

9. WOCHE	**MO**	30 min Schwimmen
	DI	70 min ruhiger DL
	MI	Tempoläufe im 10-km-Renntempo: 3 km Einlaufen, 4 × 2 km (Trabpause 3:30 min), 3 km Auslaufen
	DO	40 min lockerer DL
	FR	3 km Einlaufen, 10 km im Marathon-Renntempo, 3 km Auslaufen
	SA	Ruhetag
	SO	32 km langsamer DL (Vorsicht: Auch hier gilt – sehr langsam beginnen. Nur zwei Tage nach dem Tempodauerlauf vom Freitag und mit zwei anstrengenden Trainingswochen in den Beinen brauchen wir uns über fehlende Spritzigkeit nicht zu wundern.)
	WOCHEN-UMFANG:	ca. 85 km

10. WOCHE	MO	40 min ruhiger DL
	DI	Tempoläufe im 10-km-Renntempo: 3 km Einlaufen, 10 × 400 m (Trabpause 1:30 min), 3 km Auslaufen
	MI	22 km langsam (sehr langsam!)
	DO	Ruhetag
	FR	40 min lockerer DL
	SA	40 min lockerer DL, anschließend 5 Steigerungen
	SO	10-km-Wettkampf mit Ein- und Auslaufen (Hier gilt das Gleiche wie nach Woche 9: Erwarten Sie nichts Unmögliches von sich – seien Sie nachsichtig!)

WOCHEN-
UMFANG: ca. 85 km

11. WOCHE	MO	40 min ruhiger DL
	DI	30 min lockerer DL
	MI	Tempoläufe im 10-km-Renntempo: 3 km Einlaufen, 1 km, 2 km, 3 km, 1 km (Trabpause 3 min, 4 min, 5 min), 3 km Auslaufen
	DO	Ruhetag
	FR	25 km langsamer DL
	SA	30 min langsamer DL
	SO	Ruhetag

WOCHEN-
UMFANG: ca. 60 km

12. WOCHE	MO	30 min lockerer DL
	DI	2 km Einlaufen, 5 km im Marathon-Renntempo, 2 km Auslaufen
	MI	Ruhetag
	DO	20 min langsamer DL, anschließend 5 Steigerungen
	FR	Ruhetag
	SA	15 min langsamer DL, anschließend 3 Steigerungen
	SO	Tag X

Marathon in 3:29:59 h

1. WOCHE

MO	40 min ruhiger DL
DI	Tempoläufe im Gelände: 2 km Einlaufen, 3 × 10 min (etwa im Halbmarathon-Renntempo mit einer Trabpause von je 4 min), 2 km Auslaufen
MI	Ruhetag
DO	60 min lockerer DL, anschließend 5 Steigerungen
FR	Ruhetag
SA	3 km langsamer DL, 5 km zügiger DL, 3 km langsamer DL
SO	25 km langsamer DL

WOCHEN-UMFANG: ca. 70 km

2. WOCHE

MO	40 min ruhiger DL
DI	30 min Schwimmen
MI	Tempoläufe: 2 km Einlaufen, 6 × 1 km (im 10-km-Renntempo mit einer Trabpause von je 3 min), 2 km Auslaufen
DO	60 min lockerer DL
FR	40 min ruhiger DL (bei guter Verfassung am Schluss das Tempo steigern)
SA	Ruhetag
SO	25 km langsamer DL (sehr langsam beginnen!)

WOCHEN-UMFANG: ca. 60 km

3. WOCHE

MO	40 min ruhiger DL
DI	Tempoläufe: 2 km Einlaufen, 3 × 2 km (im 10-km-Renntempo mit einer Trabpause von je 3 min), 2 km Auslaufen
MI	60 min ruhiger DL
DO	Ruhetag
FR	2 km Einlaufen, 8 km Fahrtspiel (wechselndes Tempo nach Gefühl), 2 km Auslaufen
SA	Ruhetag
SO	28 km langsamer DL

WOCHEN-UMFANG: ca. 70 km

4. WOCHE		
	MO	40 min ruhiger DL
	DI	Tempoläufe: 3 km Einlaufen, 10 × 400 m (im 10-km-Renntempo mit einer Trabpause von je 200 m), 3 km Auslaufen
	MI	Ruhetag
	DO	40 min ruhiger DL
	FR	2 km Einlaufen, 8 km im geplanten Marathon-Renntempo, 2 km Auslaufen
	SA	Ruhetag
	SO	30 km langsamer DL
	WOCHEN-UMFANG:	ca. 75 km

5. WOCHE		
	MO	40 min ruhiger DL
	DI	Tempoläufe: 2 km Einlaufen, 3 × 2 km (im 10-km-Renntempo mit einer Trabpause von je 4 min), 2 km Auslaufen
	MI	Ruhetag
	DO	60 min lockerer DL
	FR	2 km Einlaufen, 8 km im geplanten Marathon-Renntempo, 2 km Auslaufen
	SA	Ruhetag
	SO	30 km langsamer DL
	WOCHEN-UMFANG:	ca. 75 km

6. WOCHE		
	MO	40 min ruhiger DL
	DI	Ruhetag
	MI	Tempoläufe im 10-km-Renntempo: 2 km Einlaufen, 4 × 1000 m (im 10-km-Renntempo mit einer Trabpause von je 3 min), 2 km Auslaufen
	DO	40 min ruhiger DL
	FR	Ruhetag
	SA	20 min langsamer DL, anschließend 3 Steigerungen
	SO	Halbmarathon-Wettkampf (oder Testlauf über dieselbe Distanz) mit Ein- und Auslaufen
	WOCHEN-UMFANG:	ca. 65 km

7. WOCHE	**MO**	20 min Schwimmen
	DI	40 min ruhiger DL
	MI	60 min ruhiger DL
	DO	Ruhetag
	FR	2 km Einlaufen, 10 km Fahrtspiel (wechselndes Tempo nach Gefühl), 2 km Auslaufen
	SA	20 min ruhiger DL
	SO	32 km langsamer DL
	WOCHEN-	
	UMFANG:	ca. 70 km

8. WOCHE	**MO**	40 min ruhiger DL
	DI	Tempoläufe: 3 km Einlaufen, 10 × 800 m in 3:29 min (Trabpause je 3 min), 3 km Auslaufen
	MI	Ruhetag
	DO	40 min ruhiger DL
	FR	2 km Einlaufen, 10 km im Marathon-Renntempo, 2 km Auslaufen
	SA	Ruhetag
	SO	32 km langsamer DL
	WOCHEN-	
	UMFANG:	ca. 80 km

9. WOCHE	**MO**	Ruhetag
	DI	40 min ruhiger DL
	MI	Tempoläufe: 3 km Einlaufen, 4 × 2 km (im 10-km-Renntempo mit einer Trabpause von je 4 min), 3 km Auslaufen
	DO	50 min ruhiger DL
	FR	Ruhetag
	SA	35 km langsamer DL
	SO	20 min Schwimmen
	WOCHEN-	
	UMFANG:	ca. 70 km

10. WOCHE

MO	60 min ruhiger DL
DI	Tempoläufe: 3 km Einlaufen, 10 x 400 m (im 10-km-Renntempo mit einer Trabpause von je 200 m), 3 km Auslaufen
MI	40 min ruhiger DL
DO	22 km langsamer DL
FR	Ruhetag
SA	20 min langsamer DL, anschließend 5 Steigerungen
SO	10-km-Wettkampf, mit Ein- und Auslaufen (Streben Sie keine Bestzeit an, die zurückliegenden Wochen fordern ihren Tribut.)

WOCHEN-
UMFANG: ca. 70 km

11. WOCHE

MO	40 min ruhiger DL
DI	Ruhetag
MI	Tempoläufe: 2 km Einlaufen, 2 x 3 km (im Halbmarathon-Renntempo mit einer Trabpause von je 3 min), 2 km Auslaufen
DO	Ruhetag
FR	25 km langsam (sehr langsam!)
SA	35 min lockerer DL
SO	Ruhetag

WOCHEN-
UMFANG: ca. 50 km

12. WOCHE

MO	30 min lockerer DL
DI	2 km Einlaufen, 5 km im Marathon-Renntempo, 2 km Auslaufen
MI	Ruhetag
DO	20 min langsamer DL, anschließend 3 Steigerungen
FR	Ruhetag
SA	15 min langsamer DL, anschließend 3 Steigerungen
SO	Tag X

Marathon in 3:44:59 h

1. WOCHE

MO	60 min lockerer DL
DI	Ruhetag
MI	60 min Fahrtspiel (wechselndes Tempo nach Gefühl)
DO	30 min Schwimmen
FR	60 min lockerer DL, anschließend 3 Steigerungen
SA	Ruhetag
SO	22 km langsamer DL (alle 5 km eine kurze Gehpause zum Trinken)

WOCHEN-UMFANG: ca. 50–55 km

2. WOCHE

MO	Ruhetag
DI	50 min lockerer DL
MI	60 min Fahrtspiel (wechselndes Tempo nach Gefühl)
DO	Ruhetag
FR	50 min lockerer DL
SA	Ruhetag
SO	10-km-Wettkampf, mit jeweils 2 km Ein- und Auslaufen

WOCHEN-UMFANG: ca. 45 km

3. WOCHE

MO	30 min Schwimmen
DI	60 min langsamer DL
MI	Ruhetag
DO	50 min lockerer DL, anschließend 5 Sprints über 100 m
FR	2 km Einlaufen, 8 × 800 m in 3:44 min (Trabpause 3 min), 2 km Auslaufen
SA	Ruhetag
SO	25 km langsamer DL (alle 5 km eine kurze Gehpause zum Trinken)

WOCHEN-UMFANG: ca. 55–60 km

4. WOCHE

MO	30 min Schwimmen
DI	60 min lockerer DL
MI	Ruhetag
DO	2 km Einlaufen, 8 km im geplanten Marathon-Renntempo, 2 km Auslaufen
FR	50 min lockerer DL
SA	Ruhetag
SO	28 km langsamer DL (alle 5 km eine kurze Gehpause zum Trinken)
WOCHEN-UMFANG:	ca. 60 km

5. WOCHE

MO	30 min Schwimmen
DI	70 min lockerer DL
MI	Ruhetag
DO	2 km Einlaufen, 10 × 800 m in 3:44 min (Trabpause 3 min), 2 km Auslaufen
FR	60 min lockerer DL
SA	Ruhetag
SO	28 km langsamer DL (alle 5 km eine kurze Gehpause zum Trinken)
WOCHEN-UMFANG:	ca. 60 km

6. WOCHE

MO	30 min Schwimmen
DI	50 min lockerer DL
MI	2 km Einlaufen, 10 km im geplanten Marathon-Renntempo, 2 km Auslaufen
DO	Ruhetag
FR	60 min lockerer DL
SA	Ruhetag
SO	30 km langsamer DL (alle 5 km eine kurze Gehpause zum Trinken)
WOCHEN-UMFANG:	ca. 65 km

7. WOCHE	MO	30 min Schwimmen
	DI	50 min lockerer DL
	MI	2 km Einlaufen, 4 × 1600 m in 7:28 min (Trabpause 4 min), 2 km Auslaufen
	DO	Ruhetag
	FR	30 min langsamer DL, anschließend 5 Steigerungen
	SA	Ruhetag
	SO	10-km-Wettkampf (oder harter Testlauf über dieselbe Distanz) mit Ein- und Auslaufen
	WOCHEN-UMFANG:	ca. 45 km

8. WOCHE	MO	30 min Schwimmen
	DI	60 min lockerer DL
	MI	70 min lockerer DL
	DO	Ruhetag
	FR	2 km Einlaufen, 10 km im geplanten Marathon-Renntempo, 2 km Auslaufen
	SA	Ruhetag
	SO	32 km langsamer DL (alle 5 km eine kurze Gehpause zum Trinken)
	WOCHEN-UMFANG:	ca. 65 – 70 km

9. WOCHE	MO	30 min Schwimmen
	DI	60 min lockerer DL
	MI	Ruhetag
	DO	2 km Einlaufen, 10 × 800 m in 3:44 min (Trabpause 3 min), 2 km Auslaufen
	FR	50 min lockerer DL
	SA	Ruhetag
	SO	32 km langsamer DL (alle 5 km eine kurze Gehpause zum Trinken)
	WOCHEN-UMFANG:	ca. 65 km

10. WOCHE	**MO**	Ruhetag
	DI	2 km Einlaufen, 5 × 1600 m in 7:28 min (Trabpause 4 min), 2 km Auslaufen
	MI	Ruhetag
	DO	60 min lockerer DL
	FR	2 km Einlaufen, 12 km im geplanten Marathon-Renntempo, 2 km Auslaufen
	SA	Ruhetag
	SO	32 km langsamer DL (alle 5 km eine kurze Gehpause zum Trinken)
	WOCHEN-UMFANG:	ca. 60 km

11. WOCHE	**MO**	Ruhetag
	DI	40 min langsamer DL
	MI	60 min Fahrtspiel (wechselndes Tempo nach Gefühl)
	DO	Ruhetag
	FR	60 min lockerer DL
	SA	Ruhetag
	SO	30 min langsamer DL, anschließend 5 Steigerungen
	WOCHEN-UMFANG:	ca. 35 km

12. WOCHE	**MO**	Ruhetag
	DI	2 km Einlaufen, 5 km im Marathon-Renntempo, 2 km Auslaufen
	MI	Ruhetag
	DO	20 min langsamer DL, anschließend 3 Steigerungen
	FR	Ruhetag
	SA	15 min langsamer DL, anschließend 3 Steigerungen
	SO	Tag X

Marathon in 3:59:59 h

1. WOCHE

MO	60 min lockerer DL
DI	Ruhetag
MI	60 min Fahrtspiel (wechselndes Tempo nach Gefühl)
DO	Ruhetag
FR	60 min lockerer DL
SA	Ruhetag
SO	22 km langsamer DL (alle 5 km eine kurze Gehpause zum Trinken)

WOCHEN-UMFANG: ca. 50–55 km

2. WOCHE

MO	Ruhetag
DI	50 min lockerer DL
MI	60 min Fahrtspiel (wechselndes Tempo nach Gefühl)
DO	Ruhetag
FR	50 min lockerer DL
SA	Ruhetag
SO	10-km-Wettkampf, mit jeweils 2 km Ein- und Auslaufen

WOCHEN-UMFANG: ca. 45 km

3. WOCHE

MO	Ruhetag
DI	60 min langsamer DL
MI	Ruhetag
DO	50 min lockerer DL, anschließend 5 Sprints über 100 m
FR	60 min Fahrtspiel (wechselndes Tempo nach Gefühl)
SA	Ruhetag
SO	25 km langsamer DL (alle 5 km eine kurze Gehpause zum Trinken)

WOCHEN-UMFANG: ca. 55–60 km

4. WOCHE

MO	Ruhetag
DI	60 min lockerer DL
MI	Ruhetag
DO	2 km Einlaufen, 8 km im geplanten Marathon-Renntempo, 2 km Auslaufen
FR	50 min lockerer DL
SA	Ruhetag
SO	25 – 28 km langsamer DL (alle 5 km eine kurze Gehpause zum Trinken)

WOCHEN-UMFANG: ca. 60 km

5. WOCHE

MO	Ruhetag
DI	60 min lockerer DL
MI	Ruhetag
DO	2 km Einlaufen, 8 × 800 m in 3:59 min (Trabpause 3 min), 2 km Auslaufen
FR	60 min lockerer DL
SA	Ruhetag
SO	28 km langsamer DL (alle 5 km eine kurze Gehpause zum Trinken)

WOCHEN-UMFANG: ca. 60 km

6. WOCHE

MO	Ruhetag
DI	40 min lockerer DL
MI	2 km Einlaufen, 10 km im geplanten Marathon-Renntempo, 2 km Auslaufen
DO	Ruhetag
FR	60 min lockerer DL
SA	Ruhetag
SO	30 km langsamer DL (alle 5 km eine kurze Gehpause zum Trinken)

WOCHEN-UMFANG: ca. 65 km

7. WOCHE

MO	Ruhetag
DI	40 min lockerer DL
MI	2 km Einlaufen, 4 × 4 min schneller DL (Trabpause 2 min), 2 km Auslaufen
DO	Ruhetag
FR	30 min langsamer DL, anschließend 5 Steigerungen
SA	Ruhetag
SO	10-km-Wettkampf (oder harter Testlauf über dieselbe Distanz) mit Ein- und Auslaufen

WOCHEN-UMFANG: ca. 45 km

8. WOCHE

MO	Ruhetag
DI	50 min lockerer DL
MI	60 min lockerer DL
DO	Ruhetag
FR	60 min Fahrtspiel (wechselndes Tempo nach Gefühl)
SA	Ruhetag
SO	32 km langsamer DL (alle 5 km eine kurze Gehpause zum Trinken)

WOCHEN-UMFANG: ca. 60–65 km

9. WOCHE

MO	Ruhetag
DI	60 min lockerer DL
MI	Ruhetag
DO	2 km Einlaufen, 5 × 5 min schneller DL (Trabpause 4 min), 2 km Auslaufen
FR	50 min lockerer DL
SA	Ruhetag
SO	32 km langsamer DL (alle 5 km eine kurze Gehpause zum Trinken)

WOCHEN-UMFANG: ca. 65 km

10. WOCHE

MO	Ruhetag
DI	2 km Einlaufen, Tempolauf-Pyramide: 3 min, 6 min, 9 min, 6 min, 3 min schneller DL (Trabpause 3 min, 5 min, 7 min, 5 min), 2 km Auslaufen
MI	Ruhetag
DO	60 min lockerer DL
FR	2 km Einlaufen, 10 km im geplanten Marathon-Renntempo, 2 km Auslaufen
SA	Ruhetag
SO	32 km langsamer DL (alle 5 km eine kurze Gehpause zum Trinken)

WOCHEN-
UMFANG: ca. 60 km

11. WOCHE

MO	Ruhetag
DI	40 min langsamer DL
MI	10 km Fahrtspiel (wechselndes Tempo nach Gefühl)
DO	Ruhetag
FR	60 min lockerer DL
SA	Ruhetag
SO	30 min langsamer DL, 5 Steigerungen

WOCHEN-
UMFANG: ca. 35 km

12. WOCHE

MO	Ruhetag
DI	2 km Einlaufen, 5 km im Marathon-Renntempo, 2 km Auslaufen
MI	Ruhetag
DO	20 min langsamer DL, anschließend 3 Steigerungen
FR	Ruhetag
SA	15 min langsamer DL, anschließend 3 Steigerungen
SO	Tag X

Marathon in 4:29:59 h

1. WOCHE

MO	Ruhetag
DI	50 min lockerer DL, bei guter Verfassung am Schluss steigern
MI	60 min Fahrtspiel (wechselndes Tempo nach Gefühl)
DO	Ruhetag
FR	60 min ruhiger DL
SA	Ruhetag
SO	20 km langsamer DL
	Nehmen Sie sich Zeit und versuchen Sie, alle 5 km in Ruhe (Gehpause!) zu trinken.

WOCHEN-UMFANG: ca. 42 km

2. WOCHE

MO	Ruhetag
DI	60 min lockerer DL
MI	60 min lockerer DL, zwischendurch 10 Sprints über 100–200 m (nach jedem Sprint langsames Traben bis zur vollständigen Erholung)
DO	Ruhetag
FR	35 min lockerer DL
SA	Ruhetag
SO	10-km-Wettkampf (oder Testlauf über die gleiche Distanz) mit Ein- und Auslaufen

WOCHEN-UMFANG: ca. 40 km

3. WOCHE

MO	50 min ruhiger DL
DI	Ruhetag
MI	50 min ruhiger DL
DO	Ruhetag
FR	50 min Fahrtspiel (wechselndes Tempo nach Gefühl)
SA	Ruhetag
SO	25 km langsamer DL (sehr vorsichtig beginnen!); Verpflegungspause alle 5 km (Trinken nicht vergessen!).

WOCHEN-UMFANG: ca. 50 km

4. WOCHE

MO	50 min ruhiger DL
DI	Ruhetag
MI	2 km Einlaufen, 10 × 90 sek schnell (Trabpause 1 min), 2 km Auslaufen
DO	Ruhetag
FR	2 km Einlaufen, 8 km im geplanten Marathon-Renntempo, 2 km Auslaufen
SA	Ruhetag
SO	25 km langsamer DL mit Verpflegungspause alle 5 km

WOCHEN-
UMFANG: ca. 55 km

5. WOCHE

MO	50 min ruhiger DL
DI	Ruhetag
MI	2 km Einlaufen, 12 × 1 min schneller DL (Trabpause 1 min), 2 km Auslaufen
DO	Ruhetag
FR	2 km Einlaufen, 10 km im geplanten Marathon-Renntempo, 2 km Auslaufen
SA	Ruhetag
SO	28 km langsamer DL mit Verpflegungspausen alle 5 km

WOCHEN-
UMFANG: ca. 50 km

6. WOCHE

MO	Ruhetag
DI	50 min ruhiger DL
MI	2 km Einlaufen, 5 × 3 min schneller DL (Trabpause 3 min), 2 km Auslaufen
DO	25 min ruhiger DL
FR	Ruhetag
SA	20 min ruhiger DL, anschließend 3 Steigerungen
SO	Halbmarathon-Wettkampf (oder Testlauf über dieselbe Distanz) mit Ein- und Auslaufen

WOCHEN-
UMFANG: ca. 50 km

7. WOCHE	**MO**	Ruhetag
	DI	50 min ruhiger DL
	MI	Ruhetag
	DO	50 min Fahrtspiel (wechselndes Tempo nach Gefühl)
	FR	Ruhetag
	SA	40 min ruhiger DL
	SO	30 km langsamer DL (mit Verpflegungspausen alle 5 km)
	WOCHEN-UMFANG:	ca. 55 km

8. WOCHE	**MO**	Ruhetag
	DI	50 min ruhiger DL
	MI	2 km Einlaufen, 7 × 3 min schneller DL (Trabpause 3 min), 2 km Auslaufen
	DO	Ruhetag
	FR	50 min lockerer DL
	SA	Ruhetag
	SO	25 km langsamer DL (mit Verpflegungspausen alle 5 km)
	WOCHEN-UMFANG:	ca. 60 km

9. WOCHE	**MO**	Ruhetag
	DI	50 min ruhiger DL
	MI	2 km Einlaufen, 4 × 5 min schneller DL (Trabpause 5 min), 2 km Auslaufen
	DO	Ruhetag
	FR	40 min lockerer DL
	SA	30 km langsamer DL (mit Verpflegungspausen alle 5 km)
	SO	Ruhetag
	WOCHEN-UMFANG:	ca. 65 km

10. WOCHE

MO	Ruhetag
DI	2 km Einlaufen, 7 × 800 in 4:29 min mit 800 m Trabpause, 2 km Auslaufen
MI	Ruhetag
DO	20 km langsamer DL
FR	Ruhetag
SA	30 min ruhiger DL
SO	10-km-Wettkampf mit Ein- und Auslaufen (Erwarten Sie keine Bestzeit. Das Marathontraining steckt Ihnen in den Beinen, und auch die zurückliegende Woche hatte es in sich.)

WOCHEN-UMFANG: ca. 55 km

11. WOCHE

MO	Ruhetag
DI	30 min langsamer DL
MI	60 min Fahrtspiel (wechselndes Tempo nach Gefühl)
DO	Ruhetag
FR	60 min langsamer DL
SA	Ruhetag
SO	30 min langsamer DL

WOCHEN-UMFANG: ca. 50 km

12. WOCHE

MO	Ruhetag
DI	2 km Einlaufen, 5 km im Marathon-Renntempo, 2 km Auslaufen
MI	Ruhetag
DO	20 min langsamer DL, anschließend 5 Steigerungen
FR	Ruhetag
SA	15 min langsamer DL, anschließend 3 Steigerungen
SO	Tag X

Marathon in 4:59:59 h

1. WOCHE

MO	Ruhetag
DI	40 min lockerer DL
MI	40 min Fahrtspiel (wechselndes Tempo nach Gefühl)
DO	Ruhetag
FR	30 min ruhiger DL
SA	Ruhetag
SO	18 km langsamer DL mit Gehpausen (je 2 min) alle 3 km

WOCHEN-UMFANG: ca. 35 km

2. WOCHE

MO	Ruhetag
DI	40 min lockerer DL
MI	40 min Fahrtspiel (wechselndes Tempo nach Gefühl)
DO	Ruhetag
FR	30 min ruhiger DL
SA	Ruhetag
SO	20 km langsamer DL mit Gehpausen (je 2 min) alle 3 km

WOCHEN-UMFANG: ca. 38 km

3. WOCHE

MO	40 min ruhiger DL
DI	Ruhetag
MI	30 min ruhiger DL
DO	Ruhetag
FR	40 min Fahrtspiel (wechselndes Tempo nach Gefühl)
SA	Ruhetag
SO	22 km langsamer DL mit Gehpausen (je 90 sec) alle 3 km

WOCHEN-UMFANG: ca. 40 km

4. WOCHE	**MO**	40 min ruhiger DL
	DI	Ruhetag
	MI	45 min Fahrtspiel (wechselndes Tempo nach Gefühl)
	DO	Ruhetag
	FR	2 km Einlaufen, 6 km im geplanten Marathon-Renntempo, 2 km Auslaufen
	SA	Ruhetag
	SO	25 km langsamer DL mit Gehpausen (je 90 sec) alle 3 km
	WOCHEN-UMFANG:	ca. 48 km

5. WOCHE	**MO**	30 min ruhiger DL
	DI	Ruhetag
	MI	35 min Fahrtspiel (wechselndes Tempo nach Gefühl)
	DO	Ruhetag
	FR	2 km Einlaufen, 7 km im geplanten Marathon-Renntempo, 2 km Auslaufen
	SA	Ruhetag
	SO	28 km langsamer DL mit Gehpausen (je 90 sec) alle 3 km
	WOCHEN-UMFANG:	ca. 50 km

6. WOCHE	**MO**	Ruhetag
	DI	30 min ruhiger DL
	MI	40 min Fahrtspiel (wechselndes Tempo nach Gefühl)
	DO	Ruhetag
	FR	Ruhetag
	SA	20 min ruhiger DL, anschließend 3 Steigerungen
	SO	Halbmarathon-Wettkampf (oder Testlauf über dieselbe Distanz) mit Ein- und Auslaufen (Zielzeit: 2:25 Stunden). Gehpausen alle 25 min, dabei trinken.
	WOCHEN-UMFANG:	ca. 40 km

7. WOCHE	MO	Ruhetag
	DI	30 min ruhiger DL
	MI	Ruhetag
	DO	40 min lockerer DL
	FR	Ruhetag
	SA	30 min ruhiger DL
	SO	30 km langsamer DL mit Gehpausen (je 90 sec) alle 3 km
	WOCHEN-	
	UMFANG:	ca. 48 km

8. WOCHE	MO	Ruhetag
	DI	40 min ruhiger DL
	MI	45 min Fahrtspiel (wechselndes Tempo nach Gefühl)
	DO	Ruhetag
	FR	30 min lockerer DL
	SA	Ruhetag
	SO	20 km langsamer DL (ohne Gehpausen!)
	WOCHEN-	
	UMFANG:	ca. 40 km

9. WOCHE	MO	Ruhetag
	DI	40 min ruhiger DL
	MI	50 min Fahrtspiel (wechselndes Tempo nach Gefühl)
	DO	Ruhetag
	FR	30 min lockerer DL
	SA	30 km langsamer DL mit Gehpausen (je 90 sec) alle 3 km
	SO	Ruhetag
	WOCHEN-	
	UMFANG:	ca. 50 km

10. WOCHE

MO	Ruhetag
DI	45 min Fahrtspiel (wechselndes Tempo nach Gefühl)
MI	Ruhetag
DO	15 km langsamer DL
FR	Ruhetag
SA	20 min ruhiger DL, anschließend 3 Steigerungen
SO	10-km-Wettkampf, mit Ein- und Auslaufen (Erwarten Sie keine Bestzeit. Das Marathontraining steckt Ihnen in den Beinen, und auch die zurückliegende Woche war nicht «ohne».)

WOCHEN-UMFANG: ca. 42 km

11. WOCHE

MO	Ruhetag
DI	30 min langsamer DL
MI	30 min Fahrtspiel (wechselndes Tempo nach Gefühl)
DO	Ruhetag
FR	20 km langsamer DL (ohne Gehpausen)
SA	Ruhetag
SO	30 min langsamer DL

WOCHEN-UMFANG: ca. 40 km

12. WOCHE

MO	Ruhetag
DI	2 km Einlaufen, 3 km im Marathon-Renntempo, 2 km Auslaufen
MI	Ruhetag
DO	20 min langsamer DL, anschließend 3 Steigerungen
FR	Ruhetag
SA	15 min langsamer DL, anschließend 3 Steigerungen
SO	Tag X

Marathonplan «Ankommen»

1. WOCHE

MO	30 min lockerer DL
DI	Ruhetag
MI	35 min lockerer DL
DO	Ruhetag
FR	Ruhetag
SA	30 min ruhiger DL
SO	60 min langsamer DL (inkl. 3 – 4 min Gehpause nach 30 min)

2. WOCHE

MO	Ruhetag
DI	30 min ruhiger DL
MI	Ruhetag
DO	35 min lockerer DL
FR	Ruhetag
SA	30 min ruhiger DL
SO	75 min langsamer DL (inkl. 3 – 4 min Gehpause nach 30 und 55 min)

3. WOCHE

MO	Ruhetag
DI	30 min lockerer DL
MI	Ruhetag
DO	35 min Fahrtspiel (wechselndes Tempo nach Gefühl)
FR	Ruhetag
SA	20- 30 min ruhiger DL
SO	90 min langsamer DL (inkl. 3 min Gehpause nach 30 und 60 min)

4. WOCHE

MO	Ruhetag
DI	30 min ruhiger DL
MI	Ruhetag
DO	30 min lockerer DL, mit 8 × 30 sec schnellen Passagen (zwischen den schnellen Belastungen 1 min Trabpause)
FR	Ruhetag
SA	20- 30 min lockerer DL
SO	10-km-Wettkampf (mit 5- 10 min Ein- und Auslaufen)

5. WOCHE

MO	Ruhetag
DI	30 min langsamer DL
MI	20 – 30 min ruhiger DL
DO	35 min Fahrtspiel (wechselndes Tempo nach Gefühl)
FR	Ruhetag
SA	25 – 35 min ruhiger DL
SO	105 min langsamer DL (inkl. 3 min Gehpause nach 30, 60, 90 min)

6. WOCHE

MO	Ruhetag
DI	30 min lockerer DL
MI	20 – 30 min ruhiger DL
DO	35 min Fahrtspiel (wechselndes Tempo nach Gefühl)
FR	Ruhetag
SA	25 min ruhiger DL
SO	120 min (inkl. 3 min Gehpause nach 30, 60, 90 min)

7. WOCHE

MO	Ruhetag
DI	30 min ruhiger DL
MI	Ruhetag
DO	20 min langsamer DL, anschließend 5 Steigerungen
FR	Ruhetag
SA	15 – 20 min langsamer DL, anschließend 3 Steigerungen
SO	Halbmarathon-Wettkampf (alle 5 km Trinken bei 1 – 2 min Gehpause)

8. WOCHE

MO	Ruhetag
DI	25 min langsamer DL
MI	25 min ruhiger DL
DO	35 min Fahrtspiel (wechselndes Tempo nach Gefühl)
FR	Ruhetag
SA	20 – 25 min ruhiger DL
SO	135 min langsamer DL (inkl. 3 min Gehpause alle 30 min)

9. WOCHE	MO	Ruhetag
	DI	30 min ruhiger DL
	MI	Ruhetag
	DO	35 min Fahrtspiel (wechselndes Tempo nach Gefühl)
	FR	Ruhetag
	SA	25 min ruhiger DL
	SO	150 min langsamer DL (inkl. 3 min Gehpause alle 30 min)

10. WOCHE	MO	Ruhetag
	DI	30 min ruhiger DL
	MI	35 min Fahrtspiel (wechselndes Tempo nach Gefühl)
	DO	30 min ruhiger DL
	FR	Ruhetag
	SA	20 min ruhiger DL
	SO	180 min langsamer DL (inkl. 3 min Gehpause alle 30 min)

11. WOCHE	MO	Ruhetag
	DI	30 min ruhiger DL
	MI	30 min ruhiger DL, anschließend 8 × 30 sec schnelle Passagen (zwischen den schnellen Belastungen 1 min Trabpause)
	DO	30 min ruhiger DL
	FR	Ruhetag
	SA	10 min langsamer DL, anschließend 3 Steigerungen
	SO	Simulieren Sie Tag X – und laufen Sie 40 min im angestrebten Wettkampftempo

12. WOCHE	MO	Ruhetag
	DI	Ruhetag
	MI	30 min lockerer DL
	DO	Ruhetag
	FR	15 min langsamer DL
	SA	10 min langsamer DL, anschließend 3 Steigerungen
	SO	Tag X

Marathonplan «Ankommen mit Gehpausen»

1. WOCHE

MO	30 min lockerer DL mit 2 Gehpausen (je 1 min) nach 10 u. 20 min
DI	Ruhetag
MI	35 min lockerer DL mit 3 Gehpausen (je 1 min) nach 9, 18 und 27 min
DO	Ruhetag
FR	Ruhetag
SA	30 min ruhiger DL mit 2 Gehpausen (je 1 min) nach 10 und 20 min
SO	60 min langsamer DL, mit Gehpausen (je 1 min) alle 5 min

2. WOCHE

MO	Ruhetag
DI	30 min ruhiger DL mit 2 Gehpausen (je 1 min) nach 10 und 20 min
MI	Ruhetag
DO	35 min lockerer DL mit 3 Gehpausen (je 1 min) nach 9, 18 und 27 min
FR	Ruhetag
SA	30 min ruhiger DL mit 2 Gehpausen (je 1 min) nach 10 und 20 min
SO	75 min langsamer DL, mit Gehpausen (je 1 min) alle 5 min

3. WOCHE

MO	Ruhetag
DI	30 min lockerer DL mit 2 Gehpausen (je 1 min) nach 10 und 20 min
MI	Ruhetag
DO	35 min lockerer DL mit 3 Gehpausen (je 1 min) nach 9, 18 und 27 min
FR	Ruhetag
SA	30 min ruhiger DL mit 2 Gehpausen (je 1 min) nach 10 und 20 min
SO	90 min langsamer DL, mit Gehpausen (je 1 min) alle 5 min

4. WOCHE	MO	Ruhetag
	DI	30 min ruhiger DL mit 2 Gehpausen (je 1 min) nach 10 und 20 min
	MI	Ruhetag
	DO	30 min lockerer DL mit 2 Gehpausen (je 1 min) nach 10 und 20 min
	FR	Ruhetag
	SA	30 min lockerer DL mit 2 Gehpausen (je 1 min) nach 10 und 20 min
	SO	10-km-Wettkampf mit 5–10 min Ein- und Auslaufen. Beim Wettkampf nach jedem Laufkilometer 30 Sekunden gehen.

5. WOCHE	MO	Ruhetag
	DI	30 min langsamer DL mit 2 Gehpausen (je 1 min) nach 10 und 20 min
	MI	Ruhetag
	DO	35 min lockerer DL mit 3 Gehpausen (je 1 min) nach 9, 18 und 27 min
	FR	Ruhetag
	SA	30 min ruhiger DL mit 2 Gehpausen (je 1 min) nach 10 und 20 min
	SO	105 min langsamer DL, mit Gehpause (je 1 min) alle 5 Minuten

6. WOCHE	MO	Ruhetag
	DI	30 min lockerer DL mit 2 Gehpausen (je 1 min) nach 10 und 20 min
	MI	Ruhetag
	DO	35 min lockerer DL mit 3 Gehpausen (je 1 min) nach 9, 18 und 27 min
	FR	Ruhetag
	SA	25 min ruhiger DL mit 2 Gehpausen (je 1 min) nach 10 und 20 min
	SO	120 min langsamer DL , mit Gehpause (je 1 min) alle 5 min

7. WOCHE

MO	Ruhetag
DI	30 min ruhiger DL mit 2 Gehpausen (je 1 min) nach 10 und 20 min
MI	Ruhetag
DO	20 min langsamer DL mit 1 Gehpause (je 1 min) nach 10 min
FR	Ruhetag
SA	20 min langsamer DL mit 1 Gehpause (1 min) nach 10 min
SO	Halbmarathon-Wettkampf. Beim Wettkampf alle 5 Laufminuten 1 Minute gehen.

8. WOCHE

MO	Ruhetag
DI	25 min langsamer DL mit 2 Gehpausen (je 1 min) nach 10 und 20 min
MI	Ruhetag
DO	35 min lockerer DL mit 3 Gehpausen (je 1 min) nach 9, 18 und 27 min
FR	Ruhetag
SA	25 min ruhiger DL mit 2 Gehpausen (je 1 min) nach 10 und 20 min
SO	135 min langsamer DL, mit Gehpause (je 1 min) alle 5 min

9. WOCHE

MO	Ruhetag
DI	30 min ruhiger DL mit 2 Gehpausen (je 1 min) nach 10 und 20 min
MI	Ruhetag
DO	35 min lockerer DL mit 3 Gehpausen (je 1 min) nach 9, 18 und 27 min
FR	Ruhetag
SA	25 min ruhiger DL mit 2 Gehpausen (je 1 min) nach 10 und 20 min
SO	150 min langsamer DL, mit Gehpausen (je 1 min) alle 5 min

10. WOCHE	MO	Ruhetag
	DI	30 min ruhiger DL mit 2 Gehpausen (je 1 min) nach 10 und 20 min
	MI	Ruhetag
	DO	30 min ruhiger DL mit 2 Gehpausen (je 1 min) nach 10 und 20 min
	FR	Ruhetag
	SA	20 min ruhiger DL mit 1 Gehpause (je 1 min) nach 10 min
	SO	180 min langsamer DL mit Gehpausen (je 1 min) alle 5 min

11. WOCHE	MO	Ruhetag
	DI	30 min ruhiger DL mit 2 Gehpausen (je 1 min) nach 10 und 20 min
	MI	30 min ruhiger DL mit 2 Gehpausen (je 1 min) nach 10 und 20 min
	DO	Ruhetag
	FR	60 min langsamer DL, mit Gehpausen (je 1 min) alle 5 min
	SA	Ruhetag
	SO	35 min lockerer DL mit 3 Gehpausen (je 1 min) nach 9, 18 und 27 min

12. WOCHE	MO	Ruhetag
	DI	Ruhetag
	MI	30 min lockerer DL mit 2 Gehpausen (je 1 min) nach 10 und 20 min
	DO	Ruhetag
	FR	15 min langsamer DL mit 1 Gehpause (1 min) nach 10 min
	SA	10 min langsamer DL, anschließend 3 Steigerungen
	SO	Tag X

Training nach Zeitbudget: drei Trainingspläne

Dies sind drei Trainingspläne, bei denen Sie selbst entscheiden, wie viel Zeit Sie in Ihr Training investieren können und wollen. Suchen Sie sich den entsprechenden Trainingsplan aus.

Wie viel Zeit nehmen Sie sich pro Woche für Ihr Lauftraining? Kommen Sie tatsächlich auf drei Stunden? Ob Sie es glauben oder nicht: Das reicht schon für eine sinnvolle Marathon-Vorbereitung. Bei drei Stunden Training pro Woche sprechen wir natürlich nicht vom Anpeilen auf superschnelle Bestzeiten; aber mit diesem Minimalaufwand dürften Sie immer problemlos ins Ziel kommen. Allerdings nur dann, wenn Sie sich auch an die Vorgaben in unseren Trainingsplänen halten. Wir bieten Ihnen eine Auswahl von Trainingsprogrammen, die sich – je nach Ihren Ambitionen – an dem Trainingsaufwand orientieren, den Sie pro Woche betreiben.

Marathonplan: 3 Stunden Trainingszeit pro Woche

Der Trainingsplan setzt maximal drei Stunden Training pro Woche voraus und bietet sich für Marathon-Einsteiger und Freizeitläufer an, die problemlos das Marathonziel erreichen wollen. Wir versprechen Ihnen keine schnelle Endzeit, aber wir garantieren, dass Sie aufrecht und erhobenen Hauptes ins Ziel kommen. Gehpausen sind bei den langen Läufen am Wochenende und später auch beim Marathon fest eingeplant. Das Wichtigste: Sie müssen sich nach und nach an die langen Belastungen gewöhnen.

1. WOCHE

MO	Ruhetag
DI	30 min lockerer DL
MI	Ruhetag
DO	30 min lockerer DL
FR	Ruhetag
SA	20 min lockerer DL
SO	60 min langsamer DL (inkl. 3 min Gehpause nach 30 min)
WOCHEN-UMFANG:	2:20 h

2. WOCHE	MO	Ruhetag
	DI	30 min ruhiger DL
	MI	Ruhetag
	DO	30 min lockerer DL
	FR	Ruhetag
	SA	20 min ruhiger DL
	SO	75 min langsamer DL (inkl. 3 min Gehpause nach 30 und 55 min)
	WOCHEN-	
	UMFANG:	2:35 h

3. WOCHE	MO	Ruhetag
	DI	30 min lockerer DL
	MI	Ruhetag
	DO	35 min Fahrtspiel (wechselndes Tempo nach Gefühl)
	FR	Ruhetag
	SA	20–30 min ruhiger DL
	SO	90 min langsamer DL (inkl. 3 min Gehpausen nach 30 und 60 min)
	WOCHEN-	
	UMFANG:	3:00 h

4. WOCHE	MO	Ruhetag
	DI	30 min ruhiger DL
	MI	Ruhetag
	DO	40 min lockerer DL
	FR	Ruhetag
	SA	20 min ruhiger DL, anschließend 5 Steigerungen
	SO	10-km-Wettkampf oder harter Testlauf über dieselbe Distanz mit 10 min Ein- und Auslaufen
	WOCHEN-	
	UMFANG:	2:30 h

5. WOCHE

MO	Ruhetag
DI	35 min langsamer DL
MI	Ruhetag
DO	40 min Fahrtspiel (wechselndes Tempo nach Gefühl)
FR	Ruhetag
SA	Ruhetag
SO	105 min langsamer DL (inkl. 3 min Gehpause nach 30, 60, 90 min)

WOCHEN-
UMFANG: 3:00 h

6. WOCHE

MO	Ruhetag
DI	35 min lockerer DL
MI	Ruhetag
DO	35 min Fahrtspiel (wechselndes Tempo nach Gefühl)
FR	Ruhetag
SA	Ruhetag
SO	120 min langsamer DL (inkl. 3 min Gehpause alle 30 min)

WOCHEN-
UMFANG: 3:10 h

7. WOCHE

MO	Ruhetag
DI	30 min lockerer DL
MI	Ruhetag
DO	20 min langsamer DL, anschließend 5 Steigerungen
FR	Ruhetag
SA	Ruhetag
SO	Halbmarathon-Wettkampf (alle 5 km ein 1-minütiger Verpflegungsstopp)

WOCHEN-
UMFANG: 3:00 h

8. WOCHE	**MO**	Ruhetag
	DI	20 min langsamer DL
	MI	Ruhetag
	DO	25 min Fahrtspiel (wechselndes Tempo nach Gefühl)
	FR	Ruhetag
	SA	Ruhetag
	SO	135 min langsamer DL (inkl. 3 min Gehpause alle 30 min)
	WOCHEN-UMFANG:	3:00 h

9. WOCHE	**MO**	Ruhetag
	DI	20 min ruhiger DL
	MI	Ruhetag
	DO	20 min Fahrtspiel (wechselndes Tempo nach Gefühl)
	FR	Ruhetag
	SA	150 min langsamer DL, inkl. 3 min Gehpause alle 30 min
	SO	Ruhetag
	WOCHEN-UMFANG:	3:10 h

10. WOCHE	**MO**	Ruhetag
	DI	20 min ruhiger DL
	MI	Ruhetag
	DO	20 min Fahrtspiel (wechselndes Tempo nach Gefühl)
	FR	Ruhetag
	SA	150 min langsamer DL (inkl. 3 min Gehpause alle 30 min)
	SO	Ruhetag
	WOCHEN-UMFANG:	3:10 h

11. WOCHE

MO	Ruhetag
DI	30 min lockerer DL
MI	Ruhetag
DO	30 min Fahrtspiel (wechselndes Tempo nach Gefühl)
FR	Ruhetag
SA	30 min lockerer DL
SO	30 min im Marathon-Renntempo

WOCHEN-
UMFANG: 2:00 h

12. WOCHE

MO	Ruhetag
DI	Ruhetag
MI	30 min lockerer DL, anschließend 3 Steigerungen
DO	Ruhetag
FR	Ruhetag
SA	15 min langsamer DL, anschließend 3 Steigerungen
SO	Tag X

Marathonplan: 5 Stunden Trainingszeit pro Woche

Dieser Plan legt maximal fünf Trainingsstunden pro Woche zugrunde.
Sehr talentierte Läufer können mit diesem Aufwand sogar unter drei Stunden im Marathon bleiben, weniger talentierte sollten bei diesem Vorbereitungsniveau wenigstens knapp unter vier Stunden laufen.
Das Wichtigste: Nur nichts übertreiben, langsam an die Belastungen gewöhnen.

1. WOCHE

MO	Ruhetag
DI	60 min lockerer DL
MI	45 min Fahrtspiel (wechselndes Tempo nach Gefühl) mit Ein- und Auslaufen
DO	35 min lockerer DL
FR	50 min ruhiger DL
SA	Ruhetag
SO	1:45 h langsamer DL
WOCHEN-UMFANG:	4:55 h

2. WOCHE

MO	Ruhetag
DI	50 min lockerer DL
MI	35 min Fahrtspiel (wechselndes Tempo nach Gefühl) mit Ein- und Auslaufen
DO	45 min lockerer DL
FR	40 min lockerer DL, anschließend 5 Steigerungen
SA	Ruhetag
SO	10-km-Wettkampf mit Ein- und Auslaufen
WOCHEN-UMFANG:	4:00 h

3. WOCHE

MO	Ruhetag
DI	60 min langsamer DL
MI	40 min lockerer DL
DO	40 min lockerer DL, anschließend 5 Steigerungen
FR	40 min Fahrtspiel (wechselndes Tempo nach Gefühl) mit Ein- und Auslaufen
SA	Ruhetag
SO	2 h langsamer DL

WOCHEN-
UMFANG: 5:00 h

4. WOCHE

MO	Ruhetag
DI	60 min lockerer DL
MI	30 min ruhiger DL
DO	40 min im Marathon-Tempo mit Ein- und Auslaufen
FR	30 min ruhiger DL
SA	Ruhetag
SO	2:15 h langsamer DL

WOCHEN-
UMFANG: 4:55 h

5. WOCHE

MO	Ruhetag
DI	40 min lockerer DL
MI	8 × 4 min schneller DL (mit je 2 min Trabpause) mit Ein- und Auslaufen
DO	40 min ruhiger DL
FR	30 min lockerer DL
SA	Ruhetag
SO	2:15 h langsamer DL, anschließend 5 Steigerungen

WOCHEN-
UMFANG: 4:55 h

<table>
<tr><td rowspan="9">6. WOCHE</td><td>MO</td><td>Ruhetag</td></tr>
<tr><td>DI</td><td>40 min lockerer DL</td></tr>
<tr><td>MI</td><td>4 × 4 min schneller DL (mit je 2 min Trabpause) mit
Ein- und Auslaufen</td></tr>
<tr><td>DO</td><td>40 min ruhiger DL</td></tr>
<tr><td>FR</td><td>Ruhetag</td></tr>
<tr><td>SA</td><td>30 min langsamer DL, anschließend 5 Steigerungen</td></tr>
<tr><td>SO</td><td>Halbmarathon-Wettkampf</td></tr>
<tr><td>WOCHEN-
UMFANG:</td><td>4:30 h</td></tr>
</table>

<table>
<tr><td rowspan="8">7. WOCHE</td><td>MO</td><td>Ruhetag</td></tr>
<tr><td>DI</td><td>30 min langsamer DL</td></tr>
<tr><td>MI</td><td>40 min ruhiger DL</td></tr>
<tr><td>DO</td><td>40 min lockerer DL</td></tr>
<tr><td>FR</td><td>40 min Fahrtspiel (wechselndes Tempo nach Gefühl)
mit Ein- und Auslaufen</td></tr>
<tr><td>SA</td><td>Ruhetag</td></tr>
<tr><td>SO</td><td>2:30 h langsamer DL</td></tr>
<tr><td>WOCHEN-
UMFANG:</td><td>5:00 h</td></tr>
</table>

<table>
<tr><td rowspan="8">8. WOCHE</td><td>MO</td><td>Ruhetag</td></tr>
<tr><td>DI</td><td>30 min ruhiger DL</td></tr>
<tr><td>MI</td><td>5 × 6 min schneller DL (mit je 3 min Trabpause) mit
Ein- und Auslaufen</td></tr>
<tr><td>DO</td><td>30 min ruhiger DL</td></tr>
<tr><td>FR</td><td>40 min lockerer DL</td></tr>
<tr><td>SA</td><td>Ruhetag</td></tr>
<tr><td>SO</td><td>2:30 h langsamer DL</td></tr>
<tr><td>WOCHEN-
UMFANG:</td><td>5:00 h</td></tr>
</table>

9. WOCHE

MO	Ruhetag
DI	30 min lockerer DL
MI	3, 6, 9, 6, 3 min schneller DL (mit 2, 4, 6, 4 min Trabpause) mit Ein- und Auslaufen
DO	30 min ruhiger DL
FR	40 min lockerer DL
SA	Ruhetag
SO	2:30h langsamer DL

WOCHEN-
UMFANG: 5:00 h

10. WOCHE

MO	Ruhetag
DI	30 min lockerer DL
MI	5 × 4 min schneller DL (mit je 2 min Trabpause) mit Ein- und Auslaufen
DO	40 min ruhiger DL
FR	Ruhetag
SA	30 min ruhiger DL, anschließend 5 Steigerungen
SO	10-km-Wettkampf mit Ein- und Auslaufen

WOCHEN-
UMFANG: 3:40 h

11. WOCHE

MO	Ruhetag
DI	30 min ruhiger DL
MI	Ruhetag
DO	1:30h langsamer DL
FR	Ruhetag
SA	30 min Fahrtspiel (wechselndes Tempo nach Gefühl)
SO	20 min ruhiger DL

WOCHEN-
UMFANG: 2:50 h

12. WOCHE		
MO	Ruhetag
DI	5 km im Marathon-Renntempo mit Ein- und Auslaufen
MI	Ruhetag
DO	20 min lockerer DL
FR	Ruhetag
SA	15 min langsamer DL, anschließend 5 Steigerungen
SO	Tag X

Marathonplan: 7 Stunden Trainingszeit pro Woche

Sie wollen wissen, wozu Sie wirklich in der Lage sind? Sie laufen seit Jahren und haben Marathonerfahrung? Sie haben endlich einmal die Zeit und das optimale Umfeld für ein aufwendiges Training? Dann ist dies der richtige Trainingsplan für Sie. Das Wichtigste: Eine ausgewogene Mischung von Belastungen und Regeneration sowie viele lange Läufe.
Bei diesem Plan liegt der Aufwand bei maximal sieben Stunden wöchentlich: ganz schön viel Zeit, die für das «Hobby» draufgeht. Aber der Erfolg ist garantiert. Männer bleiben damit in der Regel problemlos unter drei Stunden, Frauen mindestens unter 3:20 Stunden.

1. WOCHE		
MO	45 min ruhiger DL
DI	60 min lockerer DL
MI	45 min ruhiger DL, anschließend 5 Steigerungen
DO	Tempoläufe im 10-km-Renntempo: 8 × 1 km (mit je 2:30 min Trabpause)
FR	40 min ruhiger DL
SA	40 min lockerer DL
SO	1:45 h langsamer DL
WOCHEN-UMFANG:	5:35 h

2. WOCHE

MO	50 min ruhiger DL
DI	45 min lockerer DL
MI	Tempoläufe im 10-km-Renntempo: 4 × 2 km (mit je 3:30 min Trabpause)
DO	60 min ruhiger DL
FR	40 min lockerer DL
SA	40 min ruhiger DL, anschließend 5 Steigerungen
SO	10-km-Wettkampf oder harter 10-km-Testlauf mit Ein- und Auslaufen

WOCHEN-UMFANG: 5:00 h

3. WOCHE

MO	40 min lockerer DL
DI	40 min lockerer DL
MI	1:10 h lockerer DL
DO	50 min Fahrtspiel (wechselndes Tempo nach Gefühl) mit Ein- und Auslaufen
FR	45 min ruhiger DL
SA	45 min lockerer DL
SO	2 h langsamer DL

WOCHEN-UMFANG: 6:50 h

4. WOCHE

MO	40 min lockerer DL
DI	Tempoläufe im Halbmarathon-Renntempo: 4 × 3 km (mit je 5 min Trabpause)
MI	45 min langsamer DL
DO	50 min lockerer DL
FR	30 min im Marathon-Renntempo mit 10 min Ein- und Auslaufen
SA	40 min ruhiger DL
SO	2 h langsamer DL

WOCHEN-UMFANG: 6:35 h

5. WOCHE	MO	45 min lockerer DL
	DI	Tempoläufe im 10-km-Renntempo: 15 x 400 m (mit je 200 m Trabpause)
	MI	45 min ruhiger DL
	DO	40 min lockerer DL
	FR	35 min im Marathon-Renntempo mit 10 min Ein- und Auslaufen
	SA	40 min ruhiger DL
	SO	2:15 h langsamer DL, anschließend 5 Steigerungen
	WOCHEN-UMFANG:	6:45 h

6. WOCHE	MO	40 min ruhiger DL
	DI	40 min lockerer DL
	MI	Tempoläufe im 10-km-Renntempo: 4 x 1 km (mit 3 min Trabpause)
	DO	30 min lockerer DL
	FR	30 min lockerer DL
	SA	20 min langsamer DL, anschließend 5 Steigerungen
	SO	Halbmarathon-Wettkampf mit Ein- und Auslaufen
	WOCHEN-UMFANG:	6:00 h

7. WOCHE	MO	40 min langsamer DL
	DI	50 min ruhiger DL
	MI	40 min lockerer DL
	DO	60 min lockerer DL
	FR	50 min Fahrtspiel (wechselndes Tempo nach Gefühl) mit Ein- und Auslaufen
	SA	40 min lockerer DL
	SO	2:15 h langsamer DL, anschließend 5 Steigerungen
	WOCHEN-UMFANG:	6:55 h

8. WOCHE

MO	40 min ruhiger DL
DI	Tempoläufe im 10-km-Renntempo: 10 x 1 km (mit je 2:30 min Trabpause)
MI	40 min ruhiger DL
DO	40 min lockerer DL
FR	40 min im Marathon-Renntempo mit Ein- und Auslaufen
SA	40 min ruhiger DL
SO	2:30h langsamer DL

WOCHEN-
UMFANG: 7:00 h

9. WOCHE

MO	40 min lockerer DL
DI	50 min ruhiger DL
MI	Tempoläufe im 10-km-Renntempo: 5 x 2 km (mit je 3 min Trabpause)
DO	40 min ruhiger DL
FR	40 min im Marathon-Renntempo mit Ein- und Auslaufen
SA	40 min ruhiger DL
SO	2:30h langsamer DL

WOCHEN-
UMFANG: 7:10 h

10. WOCHE

MO	40 min lockerer DL
DI	Tempoläufe im 10-km-Renntempo: 10 x 400 m (mit je 200 m Trabpause)
MI	40 min ruhiger DL
DO	1:30h langsamer DL
FR	30 min lockerer DL
SA	40 min lockerer DL, anschließend 5 Steigerungen
SO	10-km-Wettkampf mit Ein- und Auslaufen

WOCHEN-
UMFANG: 6:00 h

11. WOCHE	**MO**	30 min ruhiger DL
	DI	30 min lockerer DL
	MI	Tempoläufe im 10-km-Renntempo: 1, 2, 3, 2, 1 km (mit 2, 3, 5, 3 min Trabpause)
	DO	Ruhetag
	FR	1:20 h langsamer DL, anschließend 5 Steigerungen
	SA	30 min lockerer DL
	SO	Ruhetag
	WOCHEN- UMFANG:	4:00 h

12. WOCHE	**MO**	40 min lockerer DL
	DI	5 km im Marathon-Renntempo mit Ein- und Auslaufen
	MI	Ruhetag
	DO	30 min lockerer DL
	FR	Ruhetag
	SA	20 min langsamer DL, anschließend 5 Steigerungen
	SO	Tag X

Drei Trainingspläne für Spätentschlossene und «Problemfälle»

Tipps und Hinweise für die heißeste Phase der Marathonvorbereitung.

Kandidat 1
Schon seit Wochen trainieren Sie für einen Herbstmarathon, aber die Vorbereitung lief bisher nicht zufrieden stellend. Sie laufen Ihrer Form hinterher – und haben keine Idee, wie Sie das Ruder noch rechtzeitig herumreißen können.

Kandidat 2
Das Marathontraining hat sich gut angelassen, die ersten Wochen liefen nach Plan. Plötzlich hat Sie eine Krankheit für Tage aus dem Konzept gebracht (oder der Beruf hat Sie über Gebühr beansprucht), das Training hat arg gelitten. Sie fragen sich, ob es überhaupt noch Sinn macht, an den Start zu gehen.

Kandidat 3

Ihre Wettkampfresultate auf kurzen Distanzen sind so überzeugend, dass Sie die Form gerne für einen Marathonstart nutzen würden, aber Sie haben den rechtzeitigen Einstieg in das Marathontraining verpasst. Es bleiben nur noch wenige Wochen bis zu den großen Marathonfesten, und eigentlich wären Sie doch gerne dabei …

Kandidat 4

Sie haben bisher nicht mit einem Marathon geliebäugelt. Nun aber wurden Sie von der Begeisterung Ihrer Freunde mitgerissen (oder mit einer Wette gelockt), sich gemeinsam an einen Marathon zu wagen. Bei marathonspezifischen Läufen waren Sie allerdings nie dabei, nur die kurzen Läufe haben Sie in der Gruppe mitgemacht.

Vier Kandidaten – ein Problem. Kann man in vier Wochen zur Marathonform gelangen? Keine Panik! Man kann.

Bevor es losgeht: Machen Sie einen Testlauf oder einen Wettkampf über fünf Kilometer. Anhand der gelaufenen Endzeit errechnen Sie Ihre Durchschnittszeit pro Kilometer. Addieren Sie zu der Kilometerzeit 50 Sekunden, dann haben Sie Ihr anzustrebendes Marathon-Renntempo.

Beispiel: Sind Sie die fünf Kilometer in 22:30 Minuten gelaufen, ist Ihr Marathontempo 5:20 pro Kilometer (also 4:30 min plus 50 sec), was einer möglichen Endzeit von 3:45 Stunden entspricht. Der Unterschied: Bei einer normalen Marathonvorbereitung von zwölf Wochen könnten Sie mit einer 5-Kilometer-Testzeit von 22:30 etwa zehn bis 15 Minuten schneller laufen – aber Ihnen stehen ja nur ganze vier Wochen zur Verfügung.

Viel hängt davon ab, wie Ihr Training in den letzten Wochen ausgesehen hat.

Spätentschlossene: Marathon problemlos

Sie haben in den letzten Wochen 100 Kilometer und mehr trainiert.
Für Sie wird es kein Problem sein, in vier Wochen eine solide Marathonform zu erreichen. Fünf lange Läufe, der längste bis zu zweieinhalb Stunden, und drei Trainingseinheiten im Marathon-Renntempo reichen, um
sich für die klassische Strecke fit zu machen. Da bleibt sogar noch ein
wenig Zeit, an der speziellen Ausdauerentwicklung zu arbeiten.

1. WOCHE		
SA	5-km-Testlauf mit Ein- und Auslaufen
MO	1:45 h langsamer DL, anschließend 5 Steigerungen
DI	1 h lockerer DL
MI	12 km DL im Marathon-Renntempo
DO	1 h lockerer DL
FR	2:00 h langsamer DL, anschließend 5 Steigerungen
SA	1 h lockerer DL
SO	Tempoläufe im Halbmarathon-Renntempo: 4 × 3 km (Trabpause 1 km) mit Ein- und Auslaufen

2. WOCHE		
MO	1 h lockerer DL
DI	2:30 h langsamer DL
MI	40 min lockerer DL
DO	15 km DL im Marathon-Renntempo
FR	1 h lockerer DL
SA	2:00 h langsamer DL, anschließend 5 Steigerungen
SO	1 h lockerer DL

3. WOCHE		
MO	Tempoläufe im Halbmarathonrenntempo: 3 × 5 km TL (Trabpause je 1,5 km) mit Ein- und Auslaufen
DI	40 min lockerer DL
MI	2 h langsamer DL, anschließend 5 Steigerungen
DO	1 h lockerer DL
FR	2 × 10 km DL im Marathon-Renntempo (Trabpause 12 min) mit Ein- und Auslaufen
SA	40 min lockerer DL
SO	40 min lockerer DL

4. WOCHE	**MO**	Ruhetag
	DI	2 × 5 km DL Auslaufen (Trabpause 10 min) im Marathon-Renntempo mit Ein- und Auslaufen
	MI	40 min lockerer DL
	DO	30 min lockerer DL
	FR	Ruhetag
	SA	20 min lockerer DL, Steigerungen
	SO	Tag X

Spätentschlossene: Marathon realistisch

Sie haben in den zurückliegenden Wochen zwischen 60 und 100 Kilometer trainiert. Sie benötigen die vier Wochen marathonspezifisches Training vor allem, um den Fettstoffwechsel zu trainieren und sich auf die Länge der Wettkampfdistanz einzustellen: 42 Kilometer sind «viel Holz». Ausschließlich um lange Läufe und das Training im Marathon-Renntempo geht es für Sie.

SA	5-km-Testlauf mit Ein- und Auslaufen

1. WOCHE	**MO**	1:45 h langsamer DL, anschließend 5 Steigerungen
	DI	Ruhetag
	MI	40 min lockerer DL
	DO	12 km DL im Marathon-Renntempo
	FR	40 min lockerer DL
	SA	2:00 h langsamer DL, anschließend 5 Steigerungen
	SO	Ruhetag

2. WOCHE	**MO**	2 × 6 km DL im Marathon-Renntempo (Trabpause 1,5 km) mit Ein- und Auslaufen
	DI	40 min lockerer DL
	MI	2:30 h langsamer DL
	DO	Ruhetag
	FR	1 h lockerer DL
	SA	14 km DL im Marathon-Renntempo
	SO	40 min lockerer DL

MO	2:00 h langsamer DL, anschließend 5 Steigerungen
DI	Ruhetag
MI	3 × 5 km DL im Marathon-Renntempo (Trabpause 1,5 km) mit Ein- und Auslaufen
DO	40 min lockerer DL
FR	1:45 h langsamer DL, anschließend 5 Steigerungen
SA	Ruhetag
SO	40 min lockerer DL

MO	40 min lockerer DL
DI	5 km DL im Marathon-Renntempo mit Ein- und Auslaufen
MI	Ruhetag
DO	40 min lockerer DL
FR	Ruhetag
SA	20 min langsamer DL, anschließend 5 Steigerungen
SO	Tag X

Spätentschlossene: Marathon riskant

Sie sind in den zurückliegenden Wochen weniger als 50 Kilometer pro Woche gelaufen. Für Sie kann es nur um eines gehen: durchlaufen und ankommen. Vielleicht reicht es sogar am Schluss noch zu einem kleinen Spurt auf der Zielgeraden, um Freunden und Verwandten zu imponieren.

Außergewöhnliche Anlässe bedingen außergewöhnliche (Trainings-)Maßnahmen. Unsere Trainingshinweise sind unkonventionell, aber übersichtlich und einfach zu befolgen. Das Training ist recht eintönig, eine psychische Herausforderung – aber wer durchhält, schafft den Marathon. Wetten?

Zwei Tage nach dem Testlauf laufen Sie zehn Kilometer im errechneten Marathon-Renntempo, alle weiteren zwei Tage zwei Kilometer mehr, bis Sie schließlich acht Tage vor dem Marathon in der Lage sind, 24 Kilometer im Marathon-Renntempo zurückzulegen.

Wichtig: Sie sind bei diesem Training auf abgemessene Strecken angewiesen. Fühlen Sie sich einmal nicht gut, dürfen Sie ruhig 15 Sekunden pro Kilometer langsamer als die vorgesehene Zeit laufen. Fühlen Sie sich allerdings mehrere Tage nicht in der Lage, das Trainingsprogramm zu absolvieren, sollten Sie für dieses Mal vom Marathon Abstand nehmen.

1. WOCHE		
	MO	5 km Testlauf, mit Ein- und Auslaufen
	DI	Ruhetag
	MI	8 km DL im Marathon-Renntempo
	DO	Ruhetag
	FR	10 km DL im Marathon-Renntempo
	SA	Ruhetag
	SO	12 km DL im Marathon-Renntempo

2. WOCHE		
	MO	Ruhetag
	DI	14 km DL im Marathon-Renntempo
	MI	Ruhetag
	DO	16 km DL im Marathon-Renntempo
	FR	Ruhetag
	SA	18 km DL im Marathon-Renntempo
	SO	Ruhetag

3. WOCHE		
	MO	20 km DL im Marathon-Renntempo
	DI	Ruhetag
	MI	22 km DL im Marathon-Renntempo
	DO	Ruhetag
	FR	24 km DL im Marathon-Renntempo
	SA	Ruhetag
	SO	30 min lockerer DL

4. WOCHE		
	MO	30 min lockerer DL
	DI	6 km DL im Marathonrenntempo
	MI	Ruhetag
	DO	30 min lockerer DL
	FR	Ruhetag
	SA	20 min lockerer DL
	SO	Tag X

Fachbegriffe

Aerob Die Muskulatur wird ausreichend mit Sauerstoff versorgt (lat. aer = Luft). Aerobe Laufbelastungen sind Belastungen mit niedriger Intensität, die man über einen sehr langen Zeitraum aufrechterhalten kann.

Anaerob Den Muskelzellen steht für ihre Arbeit nicht genügend Sauerstoff zur Verfügung (griech. ana = ohne). Bei länger dauernden anaeroben Belastungen wird Energie durch den Abbau von ›Glukose ohne Sauerstoff bereitgestellt. Da Glukose ohne Sauerstoff nicht vollständig abgebaut werden kann, entsteht ›Laktat, das die Leistung schließlich hemmt.

aerob-anaerobe Schwelle Bezeichnet den Belastungsbereich, in dem der Sauerstoffbedarf und der Sauerstoffverbrauch in den Körperzellen gerade noch ausgeglichen ist. Je höher die aerob/anaerobe Schwelle liegt, desto schneller kann man z. B. einen Marathon laufen.

Dehydrierung Flüssigkeitsverlust durch Schwitzen. Beim Laufen kann der Flüssigkeitsverlust bis zu zwei Liter pro Stunde betragen.

Elektrolyte Mineralstoffe, u. a. Natrium, Magnesium, Kalium, Chlorid und Kalzium; diese werden auch so genannten Elektrolytgetränken zugesetzt, um eine schnellere Flüssigkeitsaufnahme nach großem Schweißverlust beim Sport zu unterstützen.

FT-Fasern Schnell kontrahierende (weiße) Muskelfasern, die für schnellkräftige Bewegungen verantwortlich sind und ihre Energie vorwiegend aus ›anaeroben Stoffwechselvorgängen beziehen. «FT» steht für engl. «fast twitch», dt. «schnell zuckend».

Glukose Wichtigster Energiespender im menschlichen Organismus. Der Körper wandelt jede Form von Kohlenhydraten in Glukose um, bevor er daraus Energie gewinnt. Der Mengenanteil der Glukose im Blut muss konstant gehalten werden, da z. B. das Nervensystem auf eine ständige Versorgung mit Glukose angewiesen ist. Sinkt der Blutzuckerspiegel ab, kann dies lebensbedrohliche Auswirkungen haben.

Glykogen Speicherform der Glukose bei Menschen und Tieren. Die wichtigsten Glykogenspeicher sind Leber und Muskeln. Durch Ausdauertraining lassen sich Muskeldepots um das Zwei- bis Dreifache vergrößern.

Kohlenhydrate liefern Energie für Muskeln und Gehirn. Der Abbau von Kohlenhydraten setzt mehr (und schneller) Energie frei als die gleiche Menge Fett oder Eiweiß. Deshalb greift der Körper unter Belastung zuerst auf Kohlenhydrate zurück, erst später auf die anderen Energiespender. Kohlenhydrate finden sich in der Ernährung überwiegend in Getreideprodukten, Kartoffeln, Obst, Gemüse und Süßwaren.

Laktat Salz der Milchsäure, das bei ‣anaeroben Belastungen aus dem unzureichenden Abbau von Glukose im Muskel übrig bleibt und bei zu großer Anhäufung (‣«Übersäuerung») schließlich die Leistung hemmt bzw. zum Abbruch einer Belastung führt.

Maximalpuls Herzfrequenzwert, den man bei maximal möglicher Belastung misst. Gängige Abkürzung: Hfmax. Hintergrund: Bei Belastung reagiert das Herz sofort, die Herzfrequenz steigt. Die Anzahl der Schläge pro Minute wird zum Gradmesser für die körperliche Belastung.

Periodisierung Phasenweiser Aufbau der Leistungsfähigkeit. Hintergrund: Alle laufsportlichen Ziele bedürfen einer langfristigen Vorbereitung. Zum Hauptziel bewegt sich der Sportler immer nur in mehreren kleinen Schritten.

Ruhepuls Herzfrequenzwert, den man im absoluten Ruhezustand misst. Am besten lässt sich der Ruhepuls morgens direkt nach dem Erwachen messen. Der Ruhepuls kann sich bei Menschen gleichen Alters, Geschlechts, gleicher Größe und gleichen Gewichts um bis zu 50 Schläge pro Minute unterscheiden.

Steady State Gleichgewicht von Energieverbrauch und ‣aerober Energiegewinnung; der Laktatspiegel wird auf einem konstanten Niveau gehalten, ‣Laktatproduktion und -abbau halten sich die Waage.

ST-Fasern langsam kontrahierende (rote) Muskelfasern, die auf eine niedrige Intensität ansprechen. Die ST-Fasern sind für Ausdauerleistungen zuständig und können sehr gut mit ‣aerob gebildeter Energie versorgt werden. «ST» steht für engl. «slow twitch», dt. «langsam zuckend».

Übersäuerung Überhöhter ›Laktatspiegel im Muskel und Gesamtorganismus, der die Bewegung stark einschränkt bzw. ganz hemmt. (Läuferjargon: «Die Beine und Arme werden schwer.»)

VO$_2$ max Kürzel für die maximale Sauerstoffmenge, die der Körper auf einmal verarbeiten kann. Die Fähigkeit des Körpers, große Mengen von Sauerstoff ins Blut aufzunehmen, zu transportieren und zu verarbeiten, ist entscheidend für unsere Leistungsfähigkeit auf den langen Distanzen.

Die Autoren

Martin Grüning, geboren 1962, ist seit 1994 Redakteur von RUNNER'S WORLD und lebt in München. Er zählte von Mitte der achtziger bis Mitte der neunziger Jahre zu den besten deutschen Marathonläufern; seine Bestzeit (2:13:30 Std.) lief er 1990 in Houston, Texas. Als Mitglied der Nationalmannschaft des DLV nahm er 1989, 1991 und 1993 am Marathon-Weltcup teil.

Heute läuft er zwischen ein- und viermal pro Woche und schiebt dabei nicht selten einen Laufkinderwagen samt quietschvergnügtem Passagier an der Isar entlang. Mit Thomas Steffens Autor von «Das Laufbuch. Training, Technik, Ausrüstung» (1999, rororo 19465).

Thomas Steffens, geboren 1953, ist Chefredakteur von RUNNER'S WORLD, seit das Laufmagazin 1993 mit seiner deutschen Ausgabe an den Start ging. Er ist seit 1978 journalistisch tätig und arbeitete mehrere Jahre in den Marathon-Organisationsteams von Frankfurt, München und Boston. Er lebt in München. Über 20 Marathonläufe (Bestzeit 2:45 Std.). Heute als Jogger mal im Englischen Garten unterwegs, mal im Fitnessstudio. Co-Autor des ersten deutschen Triathlon-Buches «Triathlon – Die Krone der Ausdauer» (1983). Mit Martin Grüning Autor von «Das Laufbuch. Training, Technik, Ausrüstung» (1999, rororo 19465).

Bildnachweis

RUNNER'S WORLD 1, 2/3, 83, 84, 158; Ines Baron 9, 10; Impress 2, 20; Tim de Frisco 25, 60; Polar Photo Bank 50; Michael Müller 71, 72; Rodale Stock Images 81; Nick Wilson 86; Victah 157

S 49/2a

© Polar Electro

rororo Ratgeber Sport

Runner's World: Lesen, fertig, los!
Die besten Titel zum Trendsport Laufen

Runner's World: Das Laufbuch
Training, Technik, Ausrüstung
Thomas Steffens/Martin Grüning
3-499-19465-1

Runner's World: Marathon
Die besten Programme
Thomas Steffens/Martin Grüning
3-499-61010-8
Die perfekte Gebrauchsanweisung
für effektives Training

Runner's World:
Lauftrainer 5 bis 10 Kilometer
Die besten Trainings-Programme
Thomas Steffens/Martin Grüning
3-499-61018-3

Runner's World:
Laufen – die 100 besten Tipps
Thomas Steffens/Martin Grüning
3-499-61037-X

Runner's World:
Laufen – Das Einsteigerbuch
Thomas Steffens/Martin Grüning
3-499-61030-2

Runner's World:
Das große Buch vom Laufen
*Der beste Einstieg – und wie es
weitergeht. Kraft, Ausdauer und
Schnelligkeit steigern. Verletzungen
vorbeugen. Der Weg zum
Marathon*
Amby Burfoot

3-499-61057-4

Weitere Informationen in der Rowohlt Revue oder unter www.rororo.de